BERGERS

ET

BANDITS

SOUVENIRS D'UN VOYAGE EN SARDAIGNE

PAR

EMMANUEL DOMENECH

PARIS

E. DENTU, LIBRAIRE-ÉDITEUR

PALAIS-ROYAL, 17 ET 19 (GALERIE D'ORLÉANS)

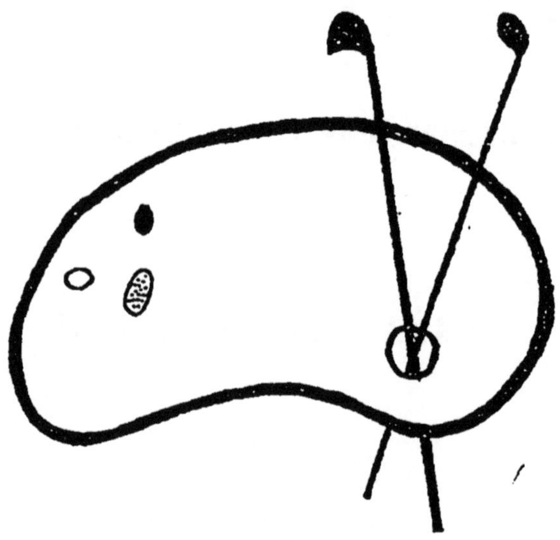

COUVERTURE SUPERIEURE ET INFERIEURE
EN COULEUR

HISTOIRE

ANCIENNE ET MODERNE

DU

MEXIQUE

CORRESPONDANCES INÉDITES

DES

PRÉSIDENTS, MINISTRES ET GÉNÉRAUX

ALMONTE, AMPUDIA, SANTA-ANNA, ARAGO,
SANTIAGO BLANCO, BUSTAMANTE CANALIZO, CORONA, FILISOLA,
GUTIERREZ DE ESTRADA HIDALGO JUAREZ, LOMBARDINI,
MARQUEZ, MIRAMON, PARRODI, URAGA, VALENCIA,
VICARIO, WOLL, ETC.

DE

L'EMPEREUR MAXIMILIEN ET DE L'IMPÉRATRICE CHARLOTTE

PAR

EMMANUEL DOMENECH

Ancien Directeur de la presse du Cabinet de l'Empereur Maximilien
Ex-aumônier de l'armée française au Mexique

2 volumes in-8°

Imprimerie générale de Ch. Lahure, rue de Fleurus, 9, à Paris.

BERGERS

ET

BANDITS

OUVRAGES DU MÊME AUTEUR

Journal d'un Missionnaire au Texas et au Mexique. 1 vol. in-8, avec carte. — Paris, Gaume, 4, rue Cassette.

Missionary adventures in Texas and Mexico. 1 vol. in-8 with a map. — London, Longman, Brown and C°.

Manuscrit pictographique américain. Précédé d'une notice sur l'idéographie des Peaux-Rouges. Publié sous les auspices du Ministère d'État et de la maison de l'Empereur. 1 vol. in-8. — Paris, Gide

Voyage dans le Minnesota 1 vol. in-12. — Paris, Sarlit rue St-Sulpice.

Seven years residence in the great deserts of north America. 2 vol. in-8, with sixty engravings and a map. — London, Longman, Brown and C°.

Histoire du Jansénisme. D'après un manuscrit du P. René Rapin. 1 vol. in-8. — Paris, Gaume.

La vérité sur le livre des sauvages. 1 vol. in-8, avec 10 planches. — Paris, Dentu.

Voyage pittoresque dans les grands déserts du nouveau monde. 1 vol. in-4, avec 40 planches. — Paris, Morizot.

L'Empire au Mexique et la candidature d'un Prince Bonaparte au trône Mexicain. 1 vol. in-8. — Paris, Dentu.

Légendes irlandaises, souvenirs d'un Touriste. 1ʳᵉ série de **Voyages et Aventures en Irlande** 1 vol. in-12. — Paris, Maillet.

Voyages et aventures en Irlande (2ᵉ série). 1 vol. in-12. — Paris, Hetzel.

La Chaussée des Géants. Dernière série des **Voyages et Aventures en Irlande.** 1 vol. in-12. — Paris, Hetzel.

Notes anthropologiques, géographiques et géodésiques sur les hauts plateaux mexicains. Brochures in-8, avec une carte.

Le Mexique tel qu'il est. *La vérité sur son climat, ses habitants et son gouvernement.* 1 vol. in-12. — Paris, Dentu. Galerie d'Orléans. Palais-Royal.

Imprimerie générale de Ch. Lahure. rue de Fleurus, 9, à Paris.

BERGERS

ET

BANDITS

SOUVENIRS D'UN VOYAGE EN SARDAIGNE

PAR

EMMANUEL DOMENECH

PARIS

E. DENTU, LIBRAIRE-ÉDITEUR

PALAIS-ROYAL, 17 ET 19 (GALERIE D'ORLÉANS)

1867

BERGERS ET BANDITS.

SOUVENIRS

D'UN

VOYAGE EN SARDAIGNE.

I

Préliminaires indispensables à la connaissance d'Ichnusa. — Deux
mots d'histoire, de géographie et de géologie. — Boutade à
propos des anciens. — But de mon voyage.

Il n'existe pas de pays aussi près de nous, aussi
curieux, aussi digne d'intérêt et aussi peu connu
que l'île de Sardaigne, l'Ichnusa des anciens Grecs.
Je ne crois pas me rendre coupable d'une mauvaise
plaisanterie en affirmant que les rois du Piémont ne
connaissaient guère mieux ce royaume que ceux de
Chypre et de Jérusalem, dont ils étaient souverains

au même titre et de la même manière que les empereurs d'Autriche. A part Charles-Emmanuel, qui vint à Cagliari se mettre à l'abri des armées victorieuses de la France, Charles-Albert et Victor-Emmanuel, qui vinrent y faire de rares excursions ou chasser le chevreuil et le sanglier, la Sardaigne n'a jamais vu son sol brûlant foulé par les souverains de la maison de Savoie. Pourtant, c'est elle qui leur valait, avant notre expédition de 1859, leur couronne de roi.

Assise majestueusement au milieu de la Méditerranée, au sud de la Corse et au nord-ouest de la Sicile, la Sardaigne est entourée de petites îles gracieuses auxquelles elle semble adhérer, et dont les principales sont Sant'Antonio, San Pedro, la Maddalena, Caprera, Asinara, Santo Stefano et Tavolara.

Admirablement située pour le commerce entre l'Espagne, la France, l'Italie, l'Afrique et l'Orient, elle possède des golfes et des ports remarquables, creusés par la nature sur toutes les côtes de l'île.

Son sol, fertile et parfaitement cultivé, fournissait jadis à Rome de si beaux blés et en telle quantité que la Sardaigne était alors le grenier d'abondance de la capitale de l'empire romain. Aujourd'hui, c'est à peine si la vingtième partie des terres labourables est mise en exploitation. Les terres incultes, les landes et les maquis attristent partout les regards du voyageur.

De magnifiques forêts couvrent un sixième de la superficie de l'île, et non-seulement on ne les exploite ni pour la construction des navires, ni pour le commerce, mais encore on les détruit par le feu ou par des coupes inintelligentes qui n'enrichissent personne.

La Sardaigne, toujours négligée par son gouvernement, délaissée des touristes, a conservé jusqu'à ce jour son caractère original, exceptionnel, sa physionomie orientale et primitive. A peu près dénuée de routes comme le Mexique, elle n'a jamais pu donner un grand développement à ses ressources naturelles. Depuis longtemps elle ne cesse de protester contre l'étrange abandon dont elle est l'objet, et qui ferait supposer qu'elle est inculte, stérile, sans histoire et sans poésie. Peu de pays, néanmoins, ont coûté tant d'or et de sang. Les Carthaginois et les Romains, les Pisans et les Génois, les Espagnols et les Sardes se sont disputés pendant des siècles, les armes à la main, cette terre antique dont l'histoire mérite un aperçu rapide.

Le nom d'*Ichnusa* ou de *Sandalotide*, donné par les Grecs à la Sardaigne, lui vient de la forme de cette île, qui est celle d'une sandale, d'un pied humain. Quant à celui de *Sardaigne*, les uns le font venir de *Saad*, mot sémitique qui veut dire : trace d'un pas, d'un pied ; mot corrompu plus tard en celui de *Sard*. Les traditions romaines, d'accord avec des médailles consulaires, lui donnent pour origine : — *Sardus Pater*, nom de Sardes, fils de l'Hercule lybique; d'autres le font venir du mot phénicien : — *Sardobal*, fleuve de la Mauritanie, ou *Sareddah*, ville de la Mauritanie césarienne. Deux inscriptions phéniciennes, trouvées en Sardaigne, donnent le nom des Sardes au pluriel : — *Srdn*, c'est-à-dire *Saradin*. Mais, peu importe d'où vient le nom de l'île ou de ses habitants.

Quelques antiquaires sardes, comme ceux de l'Irlande, n'ont pas manqué de faire remonter à l'époque du déluge, et même avant, les premières émigrations dans leur île. Ces prétentions ne faisant du tort à personne, il est inutile de les réfuter. Ces savants fondent leurs raisonnements sur l'antiquité des monuments cyclopéens appelés : *noraghes*, et dont je parlerai dans un autre chapitre.

Après ces premières émigrations, qui constituent l'ère des rois pasteurs et sur lesquelles il est impossible de rien spécifier de sérieux, vinrent celles des Phéniciens, attestées par des inscriptions, une multitude de preuves et des relations historiques incontestables. Parmi ces dernières, on peut citer Pausanias, qui dit en parlant de Sardes, fils de l'Hercule libyque, qu'il amena une colonie d'Africains et changea le nom de l'île. *Sardus coloniam Afrorum in Ichnusam deducendam suscepit : unde mutato priore vocabulo de ejus nomine insula dicta est.* Plus tard, d'autres personnages et d'autres émigrants arrivèrent de tous les côtés de l'Ibérie, de Troie, des Baléares, de la Corse et de l'Étrurie.

Pendant deux siècles, les Carthaginois gouvernèrent ensuite la Sardaigne. Après la seconde guerre punique et plusieurs autres batailles livrées sur terre et sur mer, les Romains mirent un pied sur l'île et la déclarèrent province romaine. Ravagée par les Vandales et d'autres barbares, elle fit ensuite partie de l'empire grec, après la mort de Bélisaire. A cette époque, les Maures et les Sarrasins y firent de si fréquentes incursions que les côtes furent abandonnées et les villes du littoral restèrent désertes.

Pepin, puis Charlemagne la donnèrent enfin au souverain Pontife et, avec cette donation, commença pour elle une ère de tranquillité et de liberté qu'elle n'avait pas connue depuis la disparition de ses rois pasteurs. Sous la domination des papes, avec l'aide des Génois et des Pisans, les Sardes secouèrent le joug des Maures et les renvoyèrent en Afrique. La Sardaigne fut alors divisée en quatre grandes juridictions, à savoir : celle de Cagliari, celle d'Arborea, celle de Logudoro ou de Torres et celle de Gallura. Chacune de ces provinces était gouvernée par un juge, quelquefois appelé roi, parce qu'en lui résidait une puissance toute royale.

Quoique l'histoire ne commence à parler sérieusement de ces juges que dans les premières années du onzième siècle, c'est-à-dire lors des invasions du roi maure Museto, il est certain que les juges existaient déjà vers le milieu du neuvième siècle et même avant, car Grégoire le Grand en parle dans une de ses lettres à Janvier, archevêque de Cagliari.

Les Pisans et les Génois appelés tour à tour ou conjointement, par les papes, pour venir au secours de la Sardaigne, finirent par en devenir le fléau après en avoir été les libérateurs. Tantôt ils se battaient entre eux pour obtenir la souveraineté de l'île, tantôt ils guerroyaient contre les Sardes qui se battaient pour leur indépendance.

La Sardaigne, quoique assez indépendante sous ses juges, fut longtemps tributaire de Pise; malgré cela les Pisans ne parvinrent pas à subjuguer les tribus primitives de l'île qui s'étaient réfugiées dans les montagnes et ne furent jamais soumises au pouvoir des Carthaginois, des Romains ou des Maures.

L'an 1295, le pape Boniface VIII fit un arrangement avec Jacques II, roi d'Aragon, par lequel le roi se désistait de ses prétentions sur la Sicile, à la condition que le pape lui donnerait la Sardaigne et la Corse. Deux ans après, Jacques II reçut à Rome l'investiture de ses nouveaux domaines et se mit en devoir d'en chasser les Pisans. Depuis cette époque, jusqu'en 1720, où la Sardaigne fut cédée à Victor Amédée, d'après les stipulations du traité de Londres de 1718, l'île a été constamment le théâtre de la guerre entre la maison d'Aragon et les juges ou rois qui gouvernaient les différentes provinces de ce malheureux pays, soit en leur propre nom, soit au nom des Pisans, des Génois ou des Sardes. La couronne d'Aragon étant passée sur la tête des rois de Castille, l'Espagne gouverna pacifiquement la Sardaigne jusqu'à ce que Philippe V en fit la cession au duc de Savoie.

Tant de siècles de luttes intestines et de carnages ont dû naturellement diminuer la population et laisser de profondes traces sur cette pauvre Ichnusa. Mais ce qui rend la Sardaigne surtout intéressante pour le touriste intelligent, c'est qu'on retrouve presque dans toute l'île des restes des mœurs et des coutumes de ses premiers maîtres orientaux, les Grecs et les Phéniciens. Les Romains principalement ont laissé leur empreinte latine dans la langue sarde, la dénomination des instruments aratoires et la manière de cultiver la terre. Il m'a été affirmé qu'on parlait encore le grec et le latin dans cinq ou six villages des montagnes. Les Maures ont marqué leur passage par une multitude de ruines et leur goût pour les sciences surnaturelles. Dans la province d'Alghero, le catalan est devenu l'idiome populaire depuis le gouvernement des rois d'Aragon. Quant au castillan, il ne s'est pas encore perdu dans la province d'Iglesias.

Dans toute l'île, la population rurale porte un costume qui rappelle la Grèce et dont je parlerai bientôt. C'est de cette population dont je m'entretiendrai
exclusivement sous le nom de Sardes. Les habitants
des villes, marchands ou *signori*, ressemblent trop à
tous les bourgeois et à tous les marchands de l'Espagne et de l'Italie, pour mériter une étude particulière. Avant d'esquisser les polytypes de ce pays,
je dirai deux mots sur ses caractères géologiques et
ses moyens de transport.

La formation géologique de la Sardaigne diffère
de celle de la Corse, — à laquelle elle adhérait pourtant autrefois, — en ce que ses plaines sont plus éten-
dues et ses montagnes moins élevées. Les plaines de
la Sardaigne, appelées *campidani*, ne ressemblent
en rien à celles de l'Europe. Quoique la plus vaste
ait tout au plus soixante-dix kilomètres de longueur,
le manque d'agriculture et de haute végétation, l'aspect triste et désolé de la nature, la vue de rares villages, aux maisons mauresques, perdus dans l'azur
de l'espace et des torrents de lumière, sans om-
brage et grillés par un soleil africain, tout ce'a
donne aux *campidani* l'apparence d'une solitude monotone, aride, interminable. L'imagination, attristée
par la désolation de ce tableau, se représente les
terres maudites des Cananéens, les déserts brûlés
et brûlants de l'Arabie, et c'est avec bonheur qu'on
arrive dans les régions montagneuses.

La principale chaîne des montagnes primitives s'étend du nord au sud, près des côtes orientales de l'île, en traversant les districts de Gallura, de la Barbagia, d'Ogliastra et de Budui. Cette chaîne, composée de granit, de schiste, de grandes masses de quartz, de mica et de feldspath, est coupée par d'autres chaînes transversales, des plaines et des vallées de formation volcanique. Entre la Gallura et la Barbagia, la section est faite par le campidano d'Ozieri.

Le plus haut pic du groupe des Limbara, extrême nord de la chaîne, consiste en une seule masse de granit de 1429 mètres de hauteur. Les deux cimes du Genargentu, la plus haute montagne de l'île, s'élèvent à 2039 et 2077 mètres au-dessus du niveau de la mer. Ces deux cimes se couvrent de neige du mois de septembre au mois de mai. Les habitants du village d'Aritzu en ont monopolisé l'exploitation et payent pour cela une redevance au gouvernement. Ils retirent annuellement de la montagne environ trois cent soixante-quinze tonnes de neige qu'ils expédient, dans les principales villes de la Sardaigne, pour la confection des glaces et sorbets.

Ce qu'il y a de plus curieux dans la physionomie géologique de l'île, c'est le nombre et l'étendue des formations volcaniques qui montrent des relations évidentes avec les feux sous-marins, dont Homère, Pindare et Thucydide parlaient déjà, et qui ont bouleversé si souvent les côtes et les îles du bassin central de la Méditerranée. L'action volcanique se voit distinctement en Sardaigne, depuis Castel-Sardo jusqu'aux environs de Monastir, sur une distance de cent trente-cinq kilomètres au moins; son centre était dans l'espace compris entre Ales, Milis et San Lussurgiu, c'est-à-dire à l'ouest de l'île.

Les villages de San Lussurgiu et de Cuglieri ont été construits dans des cratères; on en distingue également d'autres dans le campidano du Capo-Cagliarèse. Les monts des Marghine, entre Oristano et Macomer, sont complétement volcaniques, ainsi que les Monte-Articu et Monte-Ferru qui ont près de douze cents mètres au-dessus du niveau de la mer. Les couches basaltiques et les torrents de lave, appelés *giare* par les Sardes, sont très-nombreux dans cette région et jusqu'à Monastir, où malgré les bois et les grands arbres on voit un double cratère.

Les richesses minérales de la Sardaigne étaient connues de ses anciens habitants. Il existe encore des traces de fonderies et de nombreuses excavations. D'après la tradition, les Romains avaient trouvé de l'or au Monte-Ferru. L'argent natif se rencontre à Monte-Narba; les pyrites argentifères sont assez riches à Monte-Rubiu et près du village de Bari. Les mines de plomb, surtout en sulfures, sont très-répandues dans la Sardaigne; celle de l'Ogliastra, de Dorgali, de Lula et de Bosa contiennent de l'argent et sont exploitées tant bien que mal. Les mines de fer sont également très-abondantes; la principale est celle de Monte-Ferru. Le cuivre est moins commun; dans les mines, près du cap Teulada, on trouve de beaux échantillons de malachite.

Parmi les combustibles fossiles, l'anthracite de Serri est le plus remarquable. Quoique le charbon ne soit pas rare en Sardaigne, son exploitation est trop peu productive pour attirer jamais des capitaux sérieux. Les granits de la Gallura étaient exploités par les Romains et très-estimés pour la finesse de leur grain et la beauté de leurs couleurs. J'en dirai autant des porphyres de Limbara, des basaltes de Nurri, de Gestori et de Serri, des marbres de Terra-Segada, de Goceano et de Monte-Baso, des albâtres d'Arcidanu, de Laconi, de Tonara et de Tacquisara, des jaspes, calcédoines, sardonyx, agates de Bosa, d'Itiri, de Martio, d'Osilo, de Masullas, ainsi que des améthystes, des grenats et des turquoises dont les anciens se servaient et qu'on ne recherche guère aujourd'hui qu'à titre de curiosité.

Un voyage en Sardaigne est d'autant plus intéressant qu'il oblige le voyageur à s'occuper d'histoire et de science, à flâner, par la pensée, dans l'antiquité la plus reculée, à repasser dans son esprit les mœurs, faits et gestes des Carthaginois, des Romains, des Grecs, des Égyptiens, des Phéniciens et même des patriarches de la Bible. Il ne faut pas se le dissimuler, l'histoire de ces peuples, telle qu'on nous l'apprend dans les colléges, est fort ennuyeuse, mais une étude approfondie et comparative de leurs coutumes, de leur théogonie, de leurs rites mystérieux et symboliques a plus d'attrait que le roman le mieux écrit. En effet, un homme qui lit beaucoup, ne devine-t-il pas à la centième ligne d'un roman les deux ou trois cents pages qui lui restent à lire? Puis, quel profit tire-t-il de cette lecture?

L'étude historique et psychologique des premiers peuples qui ont habité notre planète, a cela de bon, c'est qu'elle nous rend très-modestes. Elle nous apprend que nous ne sommes pas des Titans, que nous avons inventé peu de choses et que nos races actuelles subissent encore bien des traditions des races éteintes depuis vingt siècles, au moins. Il fallait que ces peuples fussent solidement trempés pour laisser une si profonde empreinte de leur personnalité sur notre globe. Cette empreinte n'est point aussi effacée qu'on le suppose généralement. La Sardaigne est, à ma connaissance, le pays qui l'a le mieux conservée, mais il y en a bien d'autres qui en ont des traces évidentes.

Frappé dans ma jeunesse de l'analogie des mœurs sardes, avec ce que j'avais lu dans la Bible et dans Homère, je résolus de retourner une seconde fois dans cette vieille Ichnusa pour mieux me rendre compte de cette analogie. Je désirais, en outre, étu dier plus minutieusement les monuments cyclopéens, disséminés dans l'île, au nombre de trois mille, peut-être, et les comparer avec ceux des solitudes américaines, du Mexique et de l'Irlande. Une fois décidé, je me mis à relire l'Odyssée, l'Iliade et la Bible, de manière à ce que mon voyage me devînt ethnographiquement utile; mais, comme j'ai la passion des histoires légendaires et des aventures, je me promis d'en chercher partout, et, quoique m'effaçant de mon récit, on verra que je me suis tenu parole.

II

Départ de Marseille. — Porto-Torres. — La pêche au thon. — *Viandanti.* — Sassari. — Deux mots d'histoire communale. — Le *Rosello.* — Les champs de laitues. — Courses dans la ville.— Procession des corps de métiers.

On peut aller directement de Gênes en Sardaigne, en vingt-quatre heures, ou par les bateaux à vapeur de Marseille, qui relâchent un jour à Ajaccio. En partant de Marseille, la traversée dure trente-six heures, mais c'est la plus agréable, cette route offrant l'avantage de visiter le berceau de Napoléon Ier, et tous les lieux encore pleins des souvenirs de sa jeunesse. La baie et les environs d'Ajaccio sont, du reste, assez beaux pour mériter une visite, je dirai même, un voyage.

Ces considérations décidèrent de mon choix; je m'embarquai à Marseille vers midi, de je ne me rappelle plus quel jour du mois d'octobre.

Quand nous perdîmes de vue les côtes de France, il était nuit; le lendemain, avec le jour, nous vîmes celles de la Corse. Vingt-quatre heures après, nous débarquions à Porto-Torres, laissant Castel-Sardo à notre gauche et l'île de l'Asinara à notre droite, c'est-à-dire à l'extrémité nord-ouest de la Sardaigne.

La première fois que je fis ce voyage, ce fut dans un brigantin génois, nolisé par mon père. Les tempêtes et les calmes nous tinrent vingt-sept jours en mer. Pendant tout ce temps, je ne pus ni changer de linge et de chaussures, ni me nettoyer, ni manger, ni dormir. Je passai mes nuits à fond de cale sur des caisses de savon et des sacs de suie. Le roulis et le tangage faillirent me faire écraser cent fois par les tonneaux, les caisses et les sacs de marchandises qui roulaient dans cet angle obscur. La dernière semaine, nos provisions d'eau et de biscuits étant épuisées, nous vécûmes de poissons que nous pêchions et de coquillages que nous allions chercher en canot sur les rochers de l'Asinara. A notre arrivée à Porto-Torres, j'étais exténué de faim; mon corps, enflé, meurtri, ne pesait pas vingt-cinq kilos. Ah! les voyages, c'est bien beau! Néanmoins ils perdent beaucoup de leurs agréments, quand ce ne sont pas des parties de plaisir, et qu'on n'a pas cinquante mille livres de rente.

Ces réminiscences d'un passé déjà lointain ne m'attristèrent pourtant pas, mais le spleen le mieux conditionné me prit à la gorge en revoyant Porto-Torres. Actuellement c'est un misérable petit village, gai comme un cimetière abandonné, sans arbre, sans verdure, poudreux et réfléchissant les rayons ardents du soleil d'une manière atroce. En été, il ne faut s'arrêter à Porto-Torres que le temps nécessaire pour faire débarquer ses malles, viser son passe-port et prendre une voiture pour Sassari. L'*intempérie*, comme le vomito de Vera-Cruz, rend cette plage inhabitable.

Une grosse tour, construite en 1549, semble vouloir défendre ce port. Porto-Torres, autrefois célèbre dans les annales de l'Église et des judicats sardes, n'est autre que l'ancienne *Turris Libysonis*, fondée par les Grecs, puis colonisée par les Romains. Dans les environs, on aperçoit les ruines d'un temple dédié à la Fortune et d'un immense aqueduc. Au fond de la baie s'étend une longue plaine marécageuse, bornée à droite par les montagnes de la Nurra, au sud par le golfe d'Alghero, et à gauche par des collines peu élevées. Tout cela ne manque pas de grandeur et surtout de beaux horizons, mais c'est fort triste.

La pêche du thon n'est pas une industrie d'utilité publique, mais un des principaux produits de la Sardaigne. Le gouvernement en retire de bons revenus, et quelques spéculateurs s'enrichissent par cette pêche. On compte cinq *thonnares* dans l'île, placées à Porto Paglia, Porto Scuso, Isola Piana, Flumentorgiu et Porto-Torres. Je ne connais que cette dernière. Une *thonnare* est une réunion de vastes filets formant plusieurs chambres et tenus dans une certaine position au moyen d'ancres et de morceaux de liége.

Les thons arrivent dans la Méditerranée vers la fin d'avril, par bataillons carrés, chaque file ayant le même nombre d'individus. Ils nagent avec une grande rapidité, chassent ou s'amusent pendant les temps de calme, se remettent en route dès que la mer s'agite, suivent la direction du vent et manœuvrent toujours sans déranger leurs rangs et dans un ordre tout à fait militaire.

Après avoir passé le détroit de Gibraltar, ils se divisent en deux corps d'armée. L'un suit les côtes d'Afrique, l'autre celles de l'Europe, et tous les deux se dirigent vers le Levant. Les *thonnares* sont disposées de manière à se trouver sur le passage d'une ou de plusieurs colonnes de la troupe qui remonte les côtes de l'Espagne et longe celles de la France et de l'Italie.

Au commencement d'avril, le voisinage d'une *thonnare* devient d'une animation singulière : le travail, la spéculation et la curiosité s'y donnent rendez-vous. Pendant tout ce mois, on n'entend que les cris et les chants des pêcheurs qui raccommodent les filets, des tonneliers qui préparent les tonneaux, des maréchaux et des serruriers dont les lourds marteaux frappent constamment le fer.

Bientôt la plage se couvre de baraques, de huttes de toutes sortes, de felouques et de barques dans lesquelles grouillent ceux qui font le service de la pêche, les petits industriels et les curieux. Le propriétaire arrive ensuite avec son chapelain et ses « officiers » qui veillent sur le maintien du bon ordre et font accélérer les préparatifs. Le plus important de tous ces personnages est le *Raïz*, mot turc, si je ne me trompe, correspondant à celui de commandant. Du bon choix d'un *Raïz* dépend parfois la fortune du propriétaire; car selon son intelligence et son intégrité, il peut favoriser son maître ou les *thonnares* rivales; de même qu'un jockey peut perdre le prix, même en montant le meilleur cheval de la course.

L'arrivée des thons est un spectacle bizarre, saisissant, digne d'être vu; mais ce qui n'est pas moins beau, c'est celui de toutes ces barques remplies d'hommes armés de longs harpons, debout et silencieux, attendant un signal pour commencer leur œuvre de destruction; c'est cette foule bruyante et bigarrée qui s'étend sur le rivage, et cette mer qui bouillonne, agitée par les mille nageoires et les queues énormes des thons.

Une fois qu'ils sentent les filets, ils serrent leurs rangs, pénètrent dans les chambres, tournent en

désordre, se retournent, cherchent en vain une issue
et s'empêtrent davantage. Aussitôt le *Raïz* fait flotter
en l'air un drapeau blanc : alors une boucherie qui
n'a pas de nom commence dans la septième et dernière chambre ; les coups de harpons pleuvent
comme grêle, les thons se débattent avec une vio-
lence inouïe, la mer se couvre d'écume et de sang,
la mêlée devient générale; c'est une bataille, une
tempête, en un mot quelque chose d'indescriptible.

Quelques heures suffisent pour tuer des centaines
et souvent un millier et plus de thons. Amenés à
terre, ils sont aussitôt nettoyés, coupés en morceaux,
cuits, salés et placés dans les barils. En une nuit,
tout est fini. Tout est bon, rien ne se perd dans ce
poisson; ce qui ne se mange pas sert à faire de
l'huile.

J'en ai vu qui pesaient près de deux cents kilos, et
dont la queue mesurait un mètre d'envergure. C'est
égal, je n'irai plus à Porto-Torres voir la pêche du
thon; ces sortes de massacres donnent la chair de
poule; la pêche à la ligne impressionne moins.

Sassari, la capitale du Logudoro, c'est-à-dire du
nord de la Sardaigne, est à douze kilomètres environ
de Porto-Torres. De mauvaises voitures conduites
par de vieilles haridelles mettent près de deux heures pour faire ce trajet. La route, il est vrai, paraît
longue et monotone, mais elle est accidentée; les
collines qu'il faut monter, descendre et contourner,

n'ont pas été bien endommagées par la pioche des ouvriers. Cela se comprend, les ingénieurs autochthones n'ont jamais eu la prétention d'être des Hercules, puis dans un pays où l'on voyage toujours à cheval, où les chevaux et les chars à bœufs ont servi comme uniques moyens de transport, depuis un temps immémorial jusqu'au règne de Charles Félix, une route pour les voitures méritaitelle de grands efforts de génie ?

Les chevaux sardes, d'origine arabe, m'a-t-on dit, sont de taille moyenne, forts, vigoureux, ayant un bon jarret. De bonne heure, on leur donne une allure particulière, appelée *portante ;* ce n'est ni l'amble, ni le trot, mais avec elle on ne se fatigue pas, et l'on fait six ou sept kilomètres à l'heure. Généralement, mal nourris et mal traités, ils mènent une vie.... de cheval.

Les *viandanti* louent des chevaux à tous ceux qui n'en ont pas et en désirent, soit pour la selle, soit pour le transport des bagages ou des marchandises.

Patients, polis, durs à la fatigue, ils ont à peu près le monopole du transit dans toute la Sardaigne. Je crois que le nom de *cavalcanti* est plus spécialement donné aux viandanti qui accompagnent les voyageurs auxquels ils ont loué des chevaux. Le prix de location varie selon les circonstances ; un homme ne parlant pas la langue nationale, ayant des apparences de fortune est sûr de payer très-cher.

Sassari, la seconde ville de la Sardaigne, est assise en amphithéâtre sur le penchant d'une belle colline. Ses clochers élégants, élancés comme des minarets, ses nombreuses coupoles, les gigantesques oliviers qui l'entourent, lui donnent un air oriental, élégant et majestueux. Autrefois, ce n'était qu'un village insignifiant, mais un jour les habitants de Porto-Torres, ruinés par les Génois, chassés par les corsaires maures cherchèrent, en 1166, un refuge dans l'intérieur des terres et s'établirent à Sassari. Le pape Eugène IV y transporta plus tard, en 1441, le siége archiépiscopal de San Gavino, qui était également à Porto-Torres. Dès cette époque Sassari devint l'orgueilleuse rivale de Cagliari.

Dans le treizième siècle, lorsque les Génois occupaient la partie septentrionale de la Sardaigne, la petite république de Sassari contracta une alliance offensive et défensive avec celle de Gênes. Des querelles, entre les deux républiques, ayant rompu cet accord en 1306, d'un autre côté les rois d'Aragon soutenant victorieusement par les armes leurs prétentions à la souveraineté de l'île, les Sassarèses se séparèrent des Génois et firent alliance avec Jacques II qui leur confirma leurs droits et priviléges.

Sassari continua de se gouverner sous la forme républicaine longtemps après la conquête de la Sardaigne par les Espagnols. La ville eut beaucoup à souffrir pendant les guerres suscitées par les Génois, les Pisans et les juges d'Arborea, pour l'expulsion de la maison d'Aragon. De 1332 à 1409, elle soutint vaillamment dix siéges. Enfin, l'an 1420, après une lutte sanglante qui avait duré près d'un siècle, elle cessa d'être la victime des différents partis qui se disputaient le pouvoir. Elle passa définitivement dans le domaine de l'Espagne, et le titre de « ville royale » lui fut conféré par Alphonse V, roi d'Aragon.

Dès le milieu du quinzième siècle, Sassari, enrichie de priviléges politiques et commerciaux, devint très-florissante. De cette époque date sa rivalité avec Cagliari et des jalousies qui en furent la suite, jalousies souvent traduites par des voies de fait, et qui subsistèrent même après la cession de l'île à la maison de Savoie.

La ville est enfermée dans des murs crénelés très-bien bâtis et fortifiés par des tours carrées à chaque porte. Elle est coupée en deux par une longue rue appelée, je crois, — la Piazza, — à l'extrémité de laquelle est situé un ancien château fort portant encore les armes des rois d'Aragon.

La cathédrale, construite dans le dix-septième siècle, ne manque pas de grandeur. Un jour, j'y vis tomber dessus la foudre, et, pourtant, pas un nuage ne ternissait la beauté du ciel. L'Université, fondée par Philippe IV, en 1634, recevait environ deux cents étudiants; elle contient un petit musée, dans lequel

on voit des reliques de l'ancienne colonie phénicienne
et de l'occupation romaine.

Quoique la population de Sassari ne soit que de
vingt-quatre mille habitants, on comptait, en 1848,
vingt-quatre églises, dix couvents d'hommes et trois
monastères de religieuses.

Près de quatre cents fontaines arrosent la ville et
les jardins d'alentour. La plus belle de toutes, pour
ne pas dire la seule monumentale, est celle du « Rosello »; c'est une fontaine dont s'enorgueillirait une
grande ville du continent. Elle a la forme d'un pa-
rallélipipède de cinquante pieds de hauteur sur vingt
de large et douze de profondeur, entièrement revêtu
de marbre blanc. Douze masques laissent échapper
une eau claire et pure, recueillie dans de petits
tonneaux, transportée sur de petits bourriquets et
vendue aux habitants pour quelques centimes. Aux
angles du monument s'élèvent quatre statues de
marbre blanc, représentant les quatre saisons.
L'édifice est couronné par deux arcs croisés, en
marbre massif, soutenant la statue équestre de san
Gavino également en marbre.

Les environs de Sassari, fertiles et riants, révèlent
une prodigieuse puissance de végétation. Les oliviers
et les orangers y sont énormes. Au jardin du duc de
l'Asinara on voit quatre myrtes sous lesquels quarante personnes peuvent danser pendant un orage
sans crainte de se mouiller. Dans une propriété qui

appártenait aux jésuites j'ai cueilli un raisin qui pesait onze kilos, et ce n'était ni le plus lourd ni le plus gros. Autour de la ville et presque jusqu'aux murs s'étalent des champs de tabac et de laitues. Quand il fait chaud, les Sassarèses se répandent dans ces champs, mangent sur place, pour quelques centimes, autant de laitues qu'ils veulent, trempant chaque feuille dans de l'eau fraîche, avant de la manger. Ces laitues sont ainsi coupées sur pied trois fois dans une saison et repoussent avec une étonnante rapidité.

C'est dans la rue de la Piazza qu'ont lieu les courses de chevaux, payées par la commune, et que défilent les processions religieuses et celles des corporations ouvrières.

Tout le monde a vu des courses, au moins une fois dans sa vie, je ne ferai donc pas la description de celles qui ont lieu en Sardaigne, je dirai pourtant qu'elles ont dans ce pays un cachet d'originalité que je n'ai rencontré nulle part.

Les cavaliers sont toujours des enfants du peuple, vêtus de leur plus beau costume, et l'on verra bientôt que le costume sarde est aussi riche que pittoresque. Quelquefois les cavaliers vont de front, se tenant par la main ou par les bras passés dessus les épaules. Tout en allant au triple galop, seuls ou par groupes, ils se renversent souvent et donnent des coups de tête sur la croupe de leur cheval. Est-ce pour l'exciter ou pour montrer leur adresse? je n'ai jamais eu la curiosité de m'en informer. Je doute que les Arabes soient aussi solides sur leur chevaux, aussi maîtres de leurs coursiers que le sont les Sardes.

Quant aux processions, je n'en connais aucune aussi drôlatique que celles des corporations ouvrières. Elles sont ce qu'elles étaient il y a trois siècles; mêmes costumes et même bonhomie. La plus curieuse, connue sous le nom de « la procession des chandeliers », mérite bien que je lui consacre quelques lignes.

Les corporations des tailleurs, des cordonniers, des jardiniers et d'autres corps de métiers se réunissent, ce jour-là, dans une église située hors les murs. Ils sont habillés à la mode espagnole du temps de la Renaissance, avec de grands feutres, de longs manteaux, des justaucorps et des culottes courtes bouffantes; ils sont, en outre, armés d'un poignard et d'une épée. Dans cette église sont déposés les chandeliers de chaque corporation. Ces chandeliers, immenses colonnes de bois, peints, dorés, sont garnis de fleurs et de rubans, et portés sur les épaules de vingt hommes robustes.

Au moment de se mettre en marche, une musique précède la procession et fait entendre ses airs les plus joyeux. Après la musique viennent sur un seul rang les quatre ou cinq chefs de la corporation, marchant gravement dans leur costume de vieil hidalgo, puis, les membres suivent sur deux lignes, les uns derrière les autres, le chandelier clôt la file et précède la corporation suivante.

Chaque homme tient à la main un ruban dont l'autre extrémité est attachée au chandelier et qu'il tire de manière à lui donner une certaine rigidité. Les rubans tenus par ceux qui sont à la tête du cortége ont naturellement une longueur plus considérable que celle de ceux qui sont plus près du chandelier. Lorsque les porteurs fatigués s'arrêtent brusquement, le cortége fait une station et les rubans relâchés font des courbes gracieuses; ils touchent même parfois le sol par la négligence ou les distractions de ceux qui les tiennent. Ce détail a son importance comme on va le voir. Pendant ce moment de repos, la foule se mêle à la procession et cause avec les personnes de connaissance, comme au cabaret.

Aussitôt que les porteurs reposés se remettent en route avec leur chandelier, chacun tire vivement son ruban pour lui faire reprendre sa rigidité première. Ce mouvement fait tomber tous les chapeaux attrapés par les rubans. Chacun veut saisir son chapeau avant qu'il ne tombe à terre, mais il est bousculé et tombe souvent lui-même. Alors commence un de ces tohu-bohus indescriptibles, d'hommes, de femmes et d'enfants qui s'empilent les uns sur les

autres, crient et se démènent comme des enragés.
Je ne connais que le grand jeu de paume des Chactas
qui surpasse le tragico-comique des scènes auxquelles donne lieu la procession des chandeliers à
Sassari.

III

La *berritta*. — Le *corytu*. — Le *colletu*. — Tireuses de Tempio. —
Costumes des femmes sardes. — Troglodytes. — Habitations sur
des myrtes.

Pour se faire une idée, même très-imparfaite, du beau coup d'œil offert par une réunion de Sardes, un jour de fête, je vais tâcher de dépeindre le costume des hommes et celui des femmes. Mais une description quelle qu'elle soit, sans être aidée par une puissante imagination, sera toujours insuffisante pour représenter l'effet des couleurs et le gracieux de l'ensemble.

Le bonnet phrygien porté par le berger Pâris, au mont Ida, quand il donna la pomme à la plus belle des trois déesses, est également, sous le nom de « berritta, » la coiffure des Sardes. Ce bonnet est en laine écarlate; quelques-uns sont noirs. Les habitants d'Iglesias et de la province de Cagliari ont ordinairement une coiffure plus espagnole que nationale ; elle consiste en un mouchoir noué qui couvre la tête et une résille qui retient les cheveux.

En été, les cavaliers mettent fréquemment par-dessus leur coiffure un chapeau de feutre à larges bords et fort lourd. En général, les hommes portent les cheveux très-longs, si longs même, qu'en bien des endroits ils se les tressent en une, deux ou trois tresses qu'ils relèvent autour de leur bonnet, parfois roulé de manière à lui donner la forme de deux ou trois couronnes écarlates superposées. Avec leurs bonnets et leurs tresses ils se composent des coiffures très-originales.

Dans les musées nationaux comme dans le recueil des antiquités égyptiennes, étrusques, grecques, romaines et celtiques de M. de Caylus, — édition de 1761, — on voit des statuettes coiffées exactement comme les Sardes d'aujourd'hui. Je me souviens surtout d'un Orphée dont le bonnet phrygien et la couronne de tresses ont identiquement la même forme et la même disposition que ceux des habitants d'Alghero et d'autres provinces méridionales de la Sardaigne.

Par-dessus la chemise, ils portent une sorte de gilet à manches appelé « corytu ; » — c'est l'ancien *thorax* des Latins et le *corythos* des Grecs ; — il est parfaitement dessiné dans les peintures étrusques de Passeri. Ce gilet est en drap écarlate, j'en ai pourtant vu en velours bleu clair; il est croisé sur la poitrine et garni de deux rangs de gros boutons sphéroïdes en argent. Les manches, très-larges, sont ouvertes aux coutures dans toute leur longueur et laissent voir celles de la chemise; elles sont également garnies de boutons d'argent.

Les jambes sont cachées par un caleçon en grosse toile blanche très-ample et serré, dessous le genou, par une paire de guêtres en drap noir, à boutons très-rapprochés. Par-dessus ce caleçon les Sardes ont, en outre, une sorte de vêtement en drap noir qui tient plutôt du jupon que du pantalon; il est très-large, à plis, prend à la ceinture et ne descend qu'à mi-cuisse.

Les cultivateurs et les habitants des plaines portent, ordinairement, par-dessus le « corytu, » une sorte de dalmatique en cuir appelée « colletu, » dont l'origine remonte à la plus haute antiquité. Le colletu n'a pas de manches; il prend les épaules, laisse le cou et les bras libres, se serre à la ceinture et descend jusqu'aux genoux. Les plus élégants sont en peau de cerf, ornementés aux coutures avec des points de couleurs rouge et bleu.

Peu de vêtements réunissent comme celui-ci l'avantage de garantir le corps contre les variations atmosphériques, l'excessive ardeur des rayons solaires et les inconvénients de l'humidité. Les auteurs anciens en parlent comme étant en usage parmi les peuples primitifs, avant l'invention des plaques métalliques, pour servir de cuirasse. Le « colletu » n'est autre chose que le *colobium* des Syriens, des Égyptiens, des Grecs et des Latins. La description que je viens d'en faire est la même que celle d'Isidore : *Colobium dictum, quia longum est, et mutilum sine manicis; nam colobos mutilus et truncatus, est a coloboo, mutilo, brevio, trunco* (Isid., Lib. XIX.).

Les Sardes ont plusieurs sortes de « par-dessus » pour se couvrir.

La « *pellicia,* » composée de quatre peaux de moutons ou de chèvres avec le poil, est une sorte d'immense gilet sans manches. Elle correspond à la *mastruca* des Latins.

Le « *saccu de coberriri,* » formé de deux pièces de laine noire cousues ensemble, couvre toute la personne.

Le « *cabbanu* » est un paletot à capuchon dans le genre de ceux portés par nos ofticiers, en tenue de campagne, quand il pleut.

La « *cabbanella,* » même vêtement que le précédent, mais plus court, est comme les deux autres en *furesi.*

Finalement, le « *cappottu serenicu,* » ayant la même forme que le « cabbanu, » mais un peu moins long, est fait exclusivement avec un drap brun qui vient du Levant et du royaume de Naples; tandis que le *furesi* est un drap grossier fabriqué dans l'île.

Les Ibériens et les Pélagiens portaient le « cabbanu » des Sardes, autrefois appelé « *saga*, » longtemps avant la fondation de Rome. Une multitude de statues antiques, des peintures et des vases étrusques, trouvés dans les fouilles, depuis un siècle, en font foi. Sans parler de la description faite du costume des Ibères par Appien, ni de celle des soldats romains par Julius Capitolinus, je citerai entre autres la statue du dieu Volturne du musée étrusque de Gori, — planche XVI, — l'Atlante de Micali et plusieurs vases antiques du prince Lucien Bonaparte.

Quant aux chaussures nationales, elles ont un caractère plus phénicien qu'ibérien. Souliers pointus, d'une facture particulière, ou sandales, les chaussures des Sardes ont une certaine élégance qui rappelle le « cothurne » et le soin que prenaient les héros d'Homère d'être toujours bien chaussés et d'une manière élégante. Dans les idoles des musées de Toscane, de Cortone, de Valeriani, de Passeri, d'Hamilton et d'autres, on voit des dieux et des déesses exactement chaussés comme les Sardes de nos jours.

Ce costume est complété soit par une large ceinture en cuir, à grosse boucle carrée de métal, soit par une cartouchère qui en tient lieu. Dans la cartouchère ou la ceinture passe un long poignard sur lequel sont gravés les mots suivants : *Vincere o morire*. Ce poignard ne frappe qu'une fois le même individu ; un seul coup suffit pour le tuer. Le Sarde vise ordinairement son ennemi au cœur, et sa main est assez sûre pour ne pas le manquer.

Il ne se sert pas moins habilement de sa carabine, sorte de fusil arabe très-long, au canon étroit, à la crosse plate et ouvragée. Jamais un Sarde ne tire deux coups pour tuer un homme ; je donnerai bientôt des exemples terribles de leur adresse. Les femmes, qui tirent aussi bien que les hommes, ne sont pas rares ; en voici une preuve.

Lorsque le roi Charles-Albert visita Tempio, les autorités de la ville réunirent les meilleurs tireurs du district des deux sexes et les firent tirer devant Sa Majesté. A cent mètres, pas un ne s'écarta, d'une ligne, du milieu de la cible. A la fin du tir, une femme vint planter un clou dans la cible et enfonça ce clou avec une balle tirée à cent cinquante mètres. Une autre femme cloua une petite planchette au-dessus de la cible, la perça au milieu avec une balle tirée à cette même distance, puis, tirant une seconde fois, elle fit passer une seconde balle dans le trou de la première, sans l'élargir de plus d'un millimètre. Le roi resta foudroyé d'une pareille adresse et dit n'avoir jamais rien vu de semblable.

A cheval, comme à pied, portant barbe ou rasés,

les Sardes sont vraiment beaux à voir dans leur costume. Leur bonnet écarlate, leurs longs cheveux ou leurs tresses en couronnes ou pendantes, leur pelisse en peau ou leur « cabbanu » noir, leur « corytu » en drap écarlate ou en velours bleu, leur jupe noire et courte, leur caleçon blanc et leurs grandes guêtres, forment un tout original d'un effet ravissant. Je connais peu de troupes ayant une tenue, tout à la fois, aussi belle, aussi martiale, que celle des « barracelli, » milice nationale, dont la création remonte au temps des Espagnols.

Mais si le costume des hommes rappelle celui des anciens peuples disparus depuis des milliers d'années, s'il a un caractère aussi curieux que pittoresque, que dire de celui des femmes? coquet, gracieux et pourtant, ayant encore ce cachet d'antiquité, qui faisait pousser au cardinal Mezzofanti l'exclamation suivante : « La Sardaigne n'est qu'un vaste musée de l'antiquité la plus reculée! »

En effet, dans le costume des femmes sardes, on retrouve pareillement bien des réminiscences de la manière dont s'habillaient les Phéniciennes, les Pélagiennes, les Égyptiennes, les Babyloniennes et les Grecques. Les anciens peuples qui sont venus s'établir en Sardaigne, ou ceux qui ont eu des rapports avec les premiers habitants de l'île, trouveraient leurs modes bien peu changées s'ils revenaient visiter la plupart des provinces de cette vieille Ichnusa.

Dans la basilique de Ravenne, on voit des mosaïques du cinquième et du sixième siècle, représentant des vierges et martyres grecques et romaines, dont les costumes sont à peu près les mêmes que ceux des femmes sardes actuelles. Des monuments encore plus anciens nous montrent les mêmes analogies. Homère, Strabon, Hérodote et d'autres auteurs nous font des descriptions de costumes féminins de leur époque, qui ne diffèrent presque pas de ceux portés aujourd'hui par les femmes de certains villages de la Sardaigne.

Ne pouvant m'étendre longuement sur ce sujet, je dirai seulement qu'en général les femmes sardes portent, pour coiffure, un voile blanc, en mousseline, attaché sur la tête par une épingle en or ou argent, fréquemment par une petite grappe de groseille ou de raisin en corail.

Leurs flancs sont serrés par une sorte de « pectoral » ou corset très-bas en brocart ou toute autre étoffe de soie brochée or, argent, et à larges dessins couleurs rouges ou bleues. Ce corset est lacé, par devant, avec des cordons ou des rubans en soie rouge ou bleue. Quelquefois, il est remplacé par une haute ceinture de forme antique.

Au-dessus, une chemise ou chemisette en toile très-fine, ouverte par devant et basse, cache le sein, qui se dessine par-dessus le pectoral. L'ouverture de la chemisette est fermée par deux boutons sphé-

roïdes ouvragés, en or ou en argent, attachés l'un à
l'autre par une chaîne de même métal.

Sur la chemisette, les femmes portent une petite
veste grecque, en drap écarlate et courte, qui laisse la
poitrine libre et le pectoral en vue. Les manches,
de même que celles du corytu, sont très-larges, ouvertes aux coutures pour laisser voir les manches de
la chemise ; sur toute la longueur des ouvertures
est un galon d'or, d'argent ou de soie bleue avec
une garniture de six à douze boutons semblables à
ceux de la chemise.

La jupe est en drap écarlate, plissée à petits plis
comme les rochets des prêtres. Au bas de la jupe
sont cousus un ou plusieurs galons en or, en argent
et en soie bleue.

Dans les villages dont l'origine se perd dans la nuit
des temps, où la langue conserve le plus de mots
grecs et latins, les femmes n'ont pour tout costume
qu'une longue tunique brune qui descend du cou
jusqu'aux talons, est croisée sur la poitrine et serrée
aux reins par une ceinture.

La couleur du jupon, la forme de la veste et la
longueur du voile varient dans certains districts.
Tantôt le voile encadre la figure comme aux religieuses, tantôt il enveloppe la tête et le buste comme
à la petite idole étrusque de Cortone, à la Claudia
vestale du musée Capitolino, qui semblent représenter
les femmes d'Osilo.

Les manches des vestes portées par les femmes
sardes sont à peu près les mêmes que celles de la
« Romaine triomphante » de ce dernier musée et des
« Dames phrygiennes » du cabinet Hamilton. Je pourrais en dire autant du « pectoral, » qui se retrouve
également non-seulement à des idoles, à des statuettes de ces collections déjà citées, mais encore
dans bien d'autres musées.

Il me faudrait bien un volume pour décrire tous
les costumes des femmes sardes, costumes d'une
richesse étonnante dans le campidano de Cagliari et
d'une simplicité primitive dans les montagnes de
Benetutti et de Busachi, mais conservant partout ce
cachet antique caractérisé dans les statues et les
peintures de l'Étrurie, de la Phénicie et d'autres
provinces orientales.

La plus belle occasion qui s'offre en Sardaigne de
voir réunis tous ces costumes, c'est à la fête de
Sant'Efisio, dont je parlerai plus haut, et qui est le
patron de l'île aussi bien que celui de Cagliari en
particulier. Ce jour-là, des Sardes de presque toutes
les provinces de la Sardaigne viennent, avec leurs
femmes, pour assister à la procession. On ne saurait
s'imaginer un coup d'œil aussi étrange, aussi riant
que celui présenté par cette multitude bigarrée de
rouge, de blanc, de bleu, de noir, enrichie d'or,
d'argent, de bijoux précieux, offrant en plein dix-
neuvième siècle un de ces curieux spectacles comme

on en voyait il y a deux mille ans sur les plages de la Méditerranée.

Avant de pénétrer plus avant dans le pays, je dois encore raconter ici quelques particularités relatives à la haute antiquité des premiers habitants de la Sardaigne, et que je ne saurais où placer plus loin.

Un père jésuite, du nom de Tornielli, fut un jour envoyé de Cagliari à Sant' Antioco pour prêcher une mission dans cette île, située à l'extrémité nord-ouest de la Sardaigne. Après avoir chevauché pendant longtemps sans rencontrer ni maisons, ni habitants, les guides qui l'accompagnaient le prièrent de s'arrêter, en lui disant qu'on était arrivé au centre de la population.

« Mais à qui prêcherais-je, leur demanda le père jésuite ; on ne voit personne, l'île est déserte ?

— Oh ! faites excuse, Révérence, lui répondirent les guides. Tenez, voici un endroit très-favorable pour se réunir et vous entendre ; parlez fort, et vous verrez bientôt la foule accourir. »

Le P. Tornielli, ne sachant ce que cela voulait dire, se résigna à prêcher en plein vent aux hommes qui l'avaient accompagné. Il monta sur une petite élévation et commença son sermon d'une voix de stentor. En un instant sortit de dessous terre une multitude d'hommes, de femmes et d'enfants, qui vinrent s'asseoir sur l'herbe, en face de lui, et l'écouter attentivement.

Toute la population était troglodyte, c'est-à-dire vivait dans des cavernes.

L'île de Sant' Antioco fait partie du territoire sulcitane, conquis par les tribus libyques qui fondèrent la ville, jadis florissante, de Sulci. Là, l'ancienne population habitait, selon l'usage cananéen, des grottes artificielles ou naturelles creusées dans les rochers et le flanc des collines ou des montagnes.

Les troglodytes n'existaient pas seulement parmi les Cananéens, les Ibériens et les Sardes, mais on en retrouve encore sur le golfe Persique, dans les îles Baléares et même jusqu'au Mexique.

Si l'on en croit certains voyageurs, la caverne de Sidon, habitée par des troglodytes, avait deux cents chambres creusées à la file les unes des autres, avec des escaliers, également taillés dans le roc, pour monter au premier étage, où se trouvait un grand nombre d'autres chambres.

Dans le premier livre des Rois, nous voyons les Israélites, fuyant les Philistins, disparaître subitement, entièrement dans des cavernes et des grottes, pour se soustraire à la fureur de leurs ennemis [1]. L'Écriture Sainte prouve à chaque instant que toute la Judée fourmillait de tombeaux et d'habitations creusés dans le roc.

---

1. « Cum vidissent viri Israel se in arcto positos, absconderunt se in speluncis, et in abditis, in petris quoque et in antris. » (Lib. I Reg., xviii, 6.)

Les grottes de Ta-Bengemma, près de Médine, l'ancienne Melita des Phéniciens, représentent une ville, ayant des rues, des places et des carrefours. A Malte et dans le Périgord, on voit pareillement des traces de semblables habitations. Mais les troglodytes par excellence, en Italie, étaient les Cimériens, — je ne sais si je traduis bien le mot grec, — dont Homère fait une description dans son Odyssée.

Si tous ces exemples, que je n'ose multiplier davantage, dénotent l'origine antique, incontestablement orientale des Sardes, si l'on en voit habiter encore des cavernes, comme du temps d'Abraham et des prophètes, il est un autre fait, sans précédent et sans parallèle, que je sache, non moins curieux : je veux parler des villages aériens. Ils sont rares et peu connus, il est vrai, mais ils existent. Du côté des montagnes de la Nurra et de l'Asinara, des Sardes vivent sur des arbres, principalement des myrtes, dont le feuillage épais leur sert de toiture. Avec des planches appuyées sur les branches de l'arbre et sur des perches plantées en terre, ils s'organisent de petites habitations aériennes qui ne manquent pas de confortable.

Tout est original et bizarre en Sardaigne, et si jamais la science veut s'en occuper sérieusement, l'étudier à fond, elle y trouvera la solution de maints problèmes qu'elle va chercher bien loin, et qui n'est qu'à deux pas du monde savant.

IV

En route pour Cagliari. — Cargheghe. — Codrongianus. — Bonorva. — Chiens de bergers et de bandits — Macomer. — Forêt d'orangers de Milis. — Procession de saint Georges. — Un sacristain-barbier-chirurgien. — Les docteurs Sangrado.

Depuis longtemps, on fait en diligence la route de Sassari à Cagliari; elle est trop longue, trop monotone et le soleil trop brûlant pour valoir la peine de faire ce trajet à cheval. Elle offre pourtant assez d'intérêt, car, tout en ne passant pas par les endroits les plus pittoresques de la Sardaigne, elle traverse l'île dans presque toute sa longueur, monte et descend de belles collines, la chaîne volcanique des Marghine, effleure des villes et des villages romantiques ou pleins de souvenirs curieux, et coupe en deux le grand campidano de Cagliari.

Aussitôt après avoir quitté les beaux jardins d'oliviers de Sassari, la route, blanche et poudreuse, s'élève et s'abaisse en ondulations gigantesques, elle se tord et se déroule en mille plis gracieux à travers une chaîne de larges et hautes collines, aux ramifications infinies, dont l'extrémité septentrionale est baignée par la Méditerranée à Castel-Sardo, et dont l'autre extrémité se confond au sud, à Macomer, avec les monts des Marghine. A gauche, cette chaîne longe le campidano d'Ozieri; à droite, elle disparaît dans ceux de la Nurra et de Bosa, séparés eux-mêmes par le Monteleone, dont les contre-forts plongent dans la mer, près d'Alghero.

Un des premiers villages coudoyés par le chemin, en quittant Sassari, est Cargheghe, assis paresseusement dans le Campo-Mela. Trois ou quatre cents âmes végètent dans ce trou malsain. Les sources minérales de San-Martino, froides, acidulées et légèrement ferrugineuses, sont dans les environs; elles contiennent du gaz acide carbonique, de l'hydrogène sulfuré, du carbonate de fer, de chaux, de soude, de magnésie, du sulfate de chaux, du silice et des substances végéto-animales; mais l'air atmosphérique éloignera longtemps encore de Cargheghe les malades que les eaux de San-Martino pourraient attirer.

Codrongianus vient ensuite; c'est un bourg de quinze cents habitants, qui possède plusieurs beaux tableaux, parmi lesquels je dois citer la *Conversion*

de saint Paul, œuvre et don du Florentin Bacio Corini.
Les femmes de ce bourg ont les bras et les pieds
nus; elles se couvrent la tête et les épaules avec
un grand mouchoir de couleur, noué sous le men-
ton. Son territoire est fertile et renommé, principalement pour ses vignes, clos de murs en pierres
sèches.

Les autres villages de la province de Sassari tra-
versés par la route royale, offrent peu de choses à
l'attention du voyageur. Quand on a passé celui de
Florinas, on peut dormir ou lire tranquillement
jusqu'à Bonorva.

Les Bonorvesi, peuple de bergers et d'agriculteurs, sont des gens peu commodes, irascibles et
superstitieux. Comme tous les montagnards de la
Sardaigne, ils croient aux apparitions, eux enchante-
ments, aux songes, aux feux follets, aux malheurs
indiqués par l'aboiement des chiens. D'un naturel
très-fier, ils ont un penchant irrésistible pour les
rixes et la vendetta, pour dévaster les propriétés et
massacrer les troupeaux de leurs ennemis.

Malgré les censures ecclésiastiques et l'autorité
civile, les femmes ont conservé les rites funèbres
des païens, dont je parlerai dans un autre chapitre.
A cette occasion elles se frappent et se meurtrissent
le corps, de manière à rester alitées quelquefois pendant plusieurs jours, après l'enterrement d'un des
leurs.

Les hommes et les femmes de Bonorva ont un talent particulier pour les improvisations poétiques.
Pendant les fêtes populaires de saint Paul et de saint
Jean, les réjouissances publiques, les sérénades et les
rites funèbres, ce talent se déploie dans toute sa
grandeur naïve.

Malgré les brouillards et l'humidité du climat, la
vigne est très-belle à Bonorva et dans les environs;
les montagnes sont assez bien boisées; les arbres à
fruits et de construction sont communs.

C'est dans ce pays que s'élèvent les meilleurs
chiens de bergers et de bandits. Forts, audacieux et
ne doutant de rien, on en voit poursuivre des taureaux sauvages, leur sauter aux narines et les arrêter. Peu de chiens peuvent être comparés à ceux-
là pour la force, l'adresse, l'intelligence et la fidélité
à leurs maîtres. Chiens de garde et chiens de chasse
tout à la fois, ils étranglent un homme comme un
lièvre, prennent le gibier, abattent un sanglier, con-
duisent les troupeaux et tout cela avec une aisance,
une facilité vraiment merveilleuses. Une autre singularité de ces chiens, c'est que malgré les chaleurs
tropicales et la rareté de l'eau ils ne prennent jamais la rage.

Depuis Bonorva la route monte presque toujours
jusqu'à Macomer, point le plus élevé de tout le par-
cours, situé sur une des arêtes des Marghine. De Macomer on jouit d'un panorama splendide; l'eau qu'on

y boit, l'air qu'on y respire, le paysage qu'on admire ont vite fait oublier les fatigues du chemin déjà parcouru. Dans le voisinage de l'église on voit plusieurs anciennes colonnes militaires ornées d'inscriptions. Une statue en bois peint, de saint Pantaléon, patron de la paroisse, œuvre du moine Antonio Cano, est assez bien réussie; elle mérite une visite à l'église.

Le voyageur qui n'est pas pressé ferait bien de s'arrêter à Macomer, de monter à cheval, de laisser la diligence descendre la route taillée dans du basalte, et de la reprendre quelques jours plus tard à Oristano après avoir parcouru les districts de Santo-Lussurgiu et de Milis. Tout ce pays est d'un pittoresque remarquable et particulier. La tournure élégante et l'originalité des costumes des hommes et des femmes de Santo-Lussurgiu et de Tresnuraghes, la beauté des sites, l'aspect imposant et romantique de la nature, impressionnent vivement le touriste amant du grand, du beau et du sauvage.

Le *Jardin des Hespérides* n'était rien en comparaison du campidano de Milis. Cette plaine, prolongation du campidano de Cagliari, s'étend jusqu'au pied des Marghine, qui sont eux-mêmes une prolongation des Limbara. Mille petits ruisseaux s'échappent de ces montagnes et viennent arroser les trois cent mille orangers de la forêt de Milis. Quelques-uns de ces arbres ont de quinze à dix-huit mètres de hauteur, et leur grosseur est égale à celle des plus gros chênes de la Forêt-Noire. Des cèdres, des cédrats et des citronniers sont pareillement en grande quantité dans la forêt. Les orangers produisent en moyenne de cinquante à soixante millions d'oranges par année. Les citronniers sont plus abondants au village de Narbolia près de Milis.

Les plus beaux jardins d'orangers sont ceux de Zilidas et de Villa-Flora, séparés, si je m'en souviens, par le Tirsi et réunis par un ponceau. Ils appartiennent au marquis de Boyl. A l'époque de la floraison l'air est embaumé, les parfums des fleurs envahissent l'atmosphère et se répandent à une grande distance au delà de Milis. Les habitants de ce village passent leur vie à récolter des oranges, des citrons, des cédrats, à confectionner des paniers de roseaux immenses et cylindriques et des caisses pour l'expédition de ces fruits, vendus ordinairement à raison de quinze à vingt centimes la douzaine.

Au point de vue industriel, il est à regretter qu'aucun distillateur-parfumeur ne soit encore venu s'établir dans cette localité. L'exploitation des violettes qui tapissent la forêt, des menthes douces et des fleurs d'orangers qui blanchissent le sol, produirait, je crois, des résultats très-lucratifs.

En France on n'a pas d'idée du nombre d'oranges, naturellement tombées des arbres, qu'un homme peut absorber en Sardaigne, en quelques minutes.

A Sassari, j'ai vu souvent, près du Castello, des groupes d'étudiants, entourer les marchands de Milis, et avaler chacun jusqu'à trente oranges sans en être incommodés. Généralement c'est celui du groupe qui en mange le moins qui paye pour tous. D'autres fois la consommation est payée par celui dont les oranges ont le moins de tranches ou de pepins. Quelques-uns sont très-habiles à deviner le nombre de tranches ou de pepins renfermés dans l'orange qu'ils vont peler et manger.

Les Sardes ont le sentiment de la famille très-développé. Les jours de fêtes ne sont pas seulement pour eux des jours de réjouissances ou de repos, pendant lesquels ils se livrent au *dolce far niente*, si doux aux populations méridionales, c'est en outre une occasion de voir des parents et des amis dispersés par le temps et les circonstances dans les localités éloignées ou voisines. Aussi, chaque fête patronale voit-elle accourir une foule d'hommes et de femmes, à cheval plus qu'à pied, qui viennent autant pour causer et boire avec des parents, des compères, des commères et des amis, que pour assister aux bruyantes solennités d'une fête de village.

Le 27 avril, pourtant, un autre mobile attire la foule à Milis, c'est la procession de saint Georges et la bénédiction des bœufs. Ce spectacle vaut bien la peine de se déranger pour le voir; il faudrait aller bien loin pour en trouver un aussi curieux.

La solennité, naturellement, est annoncée la veille par le son des cloches, le bruit des pétards, la détonation des armes à feu et même par un feu d'artifice. Les agriculteurs du district et des villages voisins viennent ce jour, par bandes nombreuses, pour faire bénir leurs bœufs de labour.

Le lendemain, après la grand'messe et la bénédiction des animaux, la procession se met en mouvement. En Italie, en Amérique, au Mexique, j'en ai vu de bien singulières, mais celles de Milis les prime toutes, à mon avis. A tout seigneur, tout honneur; comme c'est en l'honneur des bœufs que se fait cette procession, environ cinq cents paires de ces ruminants ouvrent la marche. Ils ont les cornes garnies de fleurs, de branches d'orangers, et sont conduits deux à deux par leurs propriétaires. Puis viennent dans leurs sacs blancs et bleus les membres des confréries de la Sainte-Croix et du Saint-Rosaire, marchant gravement les uns derrière les autres sur deux files; ils sont suivis, dans le même ordre, par les femmes et les jeunes filles vêtues de leurs plus beaux costumes. Le clergé de la paroisse et des villages environnants précède ensuite la statue équestre de saint Georges, portée par de robustes épaules, et le curé accompagné de deux diacres en dalmatiques brillantes d'or. Le marquis de Boyl, à la tête d'une imposante cavalerie et lui-même à cheval, portant la bannière de saint Georges, ferme la procession, dont la longueur semble interminable.

J'ai dû donner simplement l'ordre de ce cortége, sans essayer de peindre sa physionomie étrange, son caractère rustique et ce cachet moitié païen, moitié religieux qui frappe l'imagination. On ne dépeint pas de pareilles scènes, ayant au loin pour cadre des montages bleuâtres, une mer de saphir, un ciel d'azur, et se passant dans une forêt d'orangers, sur un tapis de violettes, au sein d'une atmosphère enivrante de parfums. Le poëte les contemple en rêvant, l'épicier les critique ou s'en moque ; on en parle, mais la plume comme les lèvres ne sauraient les décrire.

Milis est très-près d'Oristano ; c'est une petite promenade à cheval. Cette ville me rappelle une aventure assez drôlatique, arrivée à mon oncle, et qu'il me raconta dans les termes suivants.

Par une belle matinée de printemps, je me rendais à Oristano. Les fleurs d'orangers tombaient comme une neige embaumée et couvraient le sol des forêts de Milis. Le chant des oiseaux, la beauté de la nature, les parfums répandus dans l'air me plongeaient dans une sorte de somnolente extase, sans doute, partagée par mon cheval qui marchait tranquillement pour ne point se fatiguer.

« Bonjour, seigneur, me dit un cavalier qui m'ac-

costa près du village de Tramazza, d'où venez-vous
et où allez-vous, ainsi seul et pensif?

— Je viens de chez le marquis de Boyl, lui répondis-je, et je vais à la ville faire des commissions
pour lui.

— Vous êtes donc employé chez M. le marquis?

— Non, mais à titre d'ami toutes les fois que je
vais me promener à Oristano, je lui demande s'il
veut que je lui rapporte quelque chose, ou lui faire
des commissions.

— Oh! reprit-il avec étonnement, vous êtes ami
du marquis et Français par-dessus le marché, à ce
que je vois, je suis heureux de vous avoir rencontré; permettez-moi de faire route en une aussi
illustre compagnie. »

Au bout d'un instant, ennuyé du verbiage de
mon compagnon, je mis mon cheval au galop; il
fit aussitôt prendre la même allure au sien, et je me
vis obligé de faire contre mauvaise fortune bon cœur,
c'est-à-dire, de le subir à côté de moi.

En passant par le village, je voulais entrer dans
une maison amie pour me rafraîchir et déjeuner,
mais mon compagnon m'en empêcha.

« Je suis sacristain-barbier-chirurgien, me dit-
il, je vais chez un de mes abonnés, venez avec moi,
nous serons bien reçus. »

Une minute après nous étions dans une maison,
d'assez bonne apparence et très-proprette, de la

grande rue. La maîtresse du logis nous reçut, en effet, avec beaucoup de politesse et de bienveillance. A la suite des salutations d'usage, elle nous apprit que son mari était malade et nous conduisit auprès de lui.

Le barbier lui serra la main, lui demanda des nouvelles de sa santé et se mit en devoir de lui faire la barbe. L'opération terminée, il lui dit :

« Vos yeux sont très-rouges, auriez-vous mal dormi par hasard ? »

Sur une réponse affirmative, le barbier défit sa trousse, prit le nez du malade et lui donna deux coups de lancettes. Le pauvre patient baissa la tête aussitôt et dirigea dans un vase qu'on lui apporta les deux jets de sang qui s'échappaient de son nez.

« N'est-ce pas, seigneur Français, que mon client dormira très-bien maintenant? me dit le barbier.

— Certainement, répondis-je avec une envie de rire qui m'étouffait, vous avez fait là une opération qui vous fera beaucoup d'honneur. Vous devriez la signaler aux médecins français; au nom de l'humanité ils vous procureraient, sans aucun doute, une place à Charenton.

— Vous entendez ce que dit le seigneur Français, car il est Français, entendez-vous? s'écria-t-il en s'adressant à son client, sans comprendre la signification de mes paroles. Une autre fois, croirez-vous

en moi? Il n'y a peut-être pas dans toute la Sardaigne deux chirurgiens aussi capables que moi. »

Après une telle apostrophe le malade parut con-
vaincu du mérite de son bourreau. Le sang ayant
cessé de couler il se lava le nez, se mit deux petits
morceaux d'amadou sur les piqûres faites par la
lancette, et nous pria de déjeuner avant de nous remettre en route. Sa femme nous servit à table et le
barbier se mit à dévorer comme s'il n'avait pas
mangé depuis quinze jours. Quant à moi, j'avais
perdu l'appétit; j'imaginai que le maître de la maison
devait me supposer complice de mon compagnon.
Aussi, je fus très-content d'apprendre que le barbier
devait exercer son office dans d'autres maisons, je
le quittai sans me brouiller avec lui.

La Sardaigne est un pays où l'on ne doit se faire
aucun ennemi, petit ou grand; un jour ou l'autre
un ennemi, quel qu'il soit, devient dangereux. On
verra plus loin que les inimitiés sont mortelles et
que les bandits eux-mêmes trouvent souvent protection non-seulement parmi le peuple, mais encore
parmi les personnages les plus importants de l'île.

Le régime du docteur Sangrado est à peu près le
seul adopté et le seul suivi par les médecins sardes.
C'est pourquoi la plupart des familles s'abonnent chez
les perruquiers pour se faire saigner. Le prix d'a-
bonnement est de cinq à dix francs par année.
Moyennant cette modique rétribution, on peut se

faire saigner tous les jours si l'on veut. J'ai connu
un moine qui fut saigné cinq fois dans une après-
midi pour être guéri de la fièvre. Pour cela, le barbier lui enlevait simplement l'appareil ou les bandelettes qui bouchaient l'ouverture pratiquée par la
saignée, lui tendait le bras et lui donnait un vigoureux coup de poing dans le coude; le sang jaillis-
sait aussitôt, sans qu'il fût besoin de recourir de
nouveau à la lancette. Inutile d'ajouter que le malade
en mourut.

Grâce à ce système, la population des villes a le
teint d'un vieux citron; comme à Vera-Cruz dans le
Mexique, elle a l'air de sortir de l'hôpital ou d'avoir
besoin d'y entrer. L'appauvrissement du sang, par
les fréquentes saignées, pratiquées à tort ou à travers,
rend les maladies fort dangereuses; le patient n'a
plus assez de force pour laisser à la nature le temps
de surmonter le mal.

L'ignorance des médecins est inouïe comme leur
nombre. Ils sont nombreux parce qu'il y a beaucoup
de malades; il y a beaucoup de malades parce qu'il y
a trop de médecins. La Sardaigne souffrira longtemps
encore de ce cercle vicieux. Les médecins sardes don-
neraient des points, en fait d'ignorance, à ceux dont
je parle dans mon *Journal d'un missionnaire au Texas
et au Mexique*[1]. Ne connaissant ni les symptômes de

1. Journal d'un Missionnaire au Texas et au Mexique. 1 vol. in-8°
avec carte. Paris, Gaume, 4, rue Cassette.

telle ou telle maladie, ni les moyens de les combattre, ils tuent grands et petits, riches et pauvres sur une vaste échelle.

Il ne faut pas s'étonner de la diminution rapide de la population ; lors même qu'il n'y aurait point d'autre cause pour expliquer cette diminution, la manière dont les médecins traitent leurs malades suffirait à résoudre le problème de cette effrayante mortalité qui, chaque année, décime la Sardaigne.

V

Oristano. — Danses sardes. — Le *ballo-tondo*. — La *lionedda* ou flûte lydienne. — Orgues humaines. — Selargius. — Sanluri. — Monastir. — Siliqua. — Cagliari. — La poutre de saint Augustin. — Le premier mai en Sardaigne.

Oristano est une petite ville de six mille habitants. En été, les lagunes et les étangs l'enveloppent de cet air pestilentiel, connu sous le nom *d'intempérie*, qui fait de si grands ravages dans les plaines et les bas-fonds de la Sardaigne. Un proverbe dit :

> A Oristano qui va là,
> Dans Oristano restera.

On pourrait en dire autant de Porto-Torres et de bien d'autres districts où l'intempérie règne pendant les mois de juin, juillet et d'août, pour ne s'en aller qu'avec les premières pluies de septembre. Quoique-

ville épiscopale et résidence des autorités civiles de
la province, Oristano n'a guère de remarquable que
le beffroi de la cathédrale. Mais les environs de la
ville sont très-fertiles et d'une grande richesse de
végétation. Les maisons comme les habitants ont
un caractère espagnol peut-être plus tranché que
dans le reste de l'île. Sur le Tirsi, à deux kilomètres
d'Oristano, on voit un pont construit anciennement
par le diable en une seule nuit. Je ne sais si c'était
une manie de messire Satan ou malices de nos pères,
mais dans le moyen âge on faisait construire au
diable des ponts sur tous les points de l'Europe, et il
faut bien l'avouer, ces ponts sont encore *diablement*
solides.

Je ne puis quitter Oristano, Milis et tous ces poétiques villages des côtes occidentales de la Sardaigne, sans parler du fameux *ballo-tondo*, l'un des
divertissements les plus aimés des Sardes.

On sait que tous les peuples de l'univers ont une
musique et des danses qui leur sont propres et qui
révèlent leur caractère particulier. Les danses et la
musique sardes ne démentent point l'originalité de
ce peuple et l'antiquité de leur organisation sociale.
Leurs danses sont très-variées, on voit aisément
que l'Orient, l'Espagne et l'Italie ont laissé des traces
chorégraphiques de leur souveraineté dans l'île;
mais le *ballo-tondo* est la danse nationale par excellence,
et ne ressemble à aucun exercice de ce genre connu.

Ce bal ordinairement a lieu en plein vent; les danseurs et les danseuses forment une longue chaîne ou cercle au milieu duquel se placent les musiciens. Les hommes et les femmes se tiennent par la main, tournent constamment en faisant des pas particuliers à cette danse; ils se baissent et se redressent de mille façons indiquées par certaines pressions de la main.

De prime abord le *ballo-tondo* ressemble à une ronde; il paraît d'une exécution facile, mais ce divertissement est à peu près impossible pour les personnes qui ne sont pas initiées aux significations de ces différentes pressions de la main et aux mouvements du corps que le danseur doit faire au signal ainsi donné secrètement. Dans la partie septentrionale de l'île, ces danses sont excessivement animées, et les danseurs développent des talents gymnastiques peu communs.

La *lionedda* ou *launedda*, la cornemuse, le tambourin, mais surtout des chanteurs, composent l'orchestre renfermé dans le cercle du *ballo-tondo*.

La lionedda, décrite par Virgile, — *fistula disparibus compacta arundinibus*, — est un instrument particulier aux campidanesi, c'est-à-dire aux habitants des plaines, ce qui n'empêche pas les montagnards d'en jouer à merveille. C'est la flûte lydienne et tyrrhénienne que jouaient les anciens bergers et qu'on revoit sur les vases étrusques. Elle est formée de deux, trois et même quatre morceaux de roseaux différant en diamètre, en longueur, et percés de trous comme la flûte ordinaire. Le musicien met dans sa bouche l'extrémité supérieure de ces tubes gradués, souffle dedans, autant qu'il peut, et en retire des sons très-doux.

Vu la difficulté de mettre un nombre pareil de roseaux dans la bouche et la fatigue qui résultait d'une si grande perdition de souffle, on y ajoute, en certains endroits, un petit bec qui rend l'embouchure plus facile, ménage le souffle et donne des notes plus agréables et plus justes.

Dans les campagnes, les joueurs de *lionedda* sont de toutes les fêtes et de toutes les processions, car avec cet instrument comme avec la cornemuse on peut joueur des airs graves ou gais, selon les circonstances.

Les chants sardes offrent également une particularité qu'on ne retrouve nulle part. Souvent il m'est arrivé le soir, en m'approchant d'une ville ou d'un village, d'entendre pendant l'obscurité de la nuit un concert de voix humaine, dont les harmonies bizarres tenaient quelque chose des orgues ou d'un concert de mirlitons.

Lorsque plusieurs jeunes gens se réunissent pour donner une sérénade ou chanter une chanson, un ou deux seulement d'entre eux entonnent les paroles; les autres les accompagnent en poussant de la gorge des sons inarticulés et prolongés, imitant des voix de basse, des mirlitons organisés ou des orgues de mauvaise fabrique. Il est impossible de donner une idée de l'effet produit par ce chant étrange, sauvage et pourtant harmonieux.

Oristano est à peu près à moitié chemin, mais plus près de Cagliari que de Sassari. La route traverse tout le campidano du sud, c'est dire qu'elle ondule beaucoup moins, et qu'elle n'est intéressante que pour ceux qui ont peu voyagé. Ce qu'il y a de beau en Sardaigne, ce sont les collines, les montagnes et les forêts, les plaines n'ont de curieux que les horizons, les ruines anciennes et les monuments cyclopéens disséminés par-ci, par-là, qu'on rencontre fréquemment, et dont je parlerai bientôt.

Parmi les villages plus ou moins éloignés ou rapprochés du chemin, il y en a pourtant qui ne sont pas sans quelques attraits, en dehors des vins excellents et fins qu'on y récolte. Ainsi je citerai de mémoire et sans ordre : Selargius qui, pour la fête de Notre-Dame Odegitria, venue dit-on, de Constantinople, donne une de ces processions bizarres comme la Sardaigne en est si prodigue.

Ce jour-là, l'église entière est tapissée de branches de myrte, de menthe et d'autres plantes odoriférantes. Les femmes s'habillent d'écarlate et d'or, se voilent la tête et s'assoient à terre dans l'église à la mode orientale. A la procession on voit des bœufs ornés de fleurs et de rubans, une foule d'enfants couverts de fleurs et de rubans comme les bœufs, et deux cavaliers, portant des bannières, faisant marcher leurs chevaux à reculons, tout le temps que dure la procession, afin de ne pas tourner le dos à la croix.

A Capo-Terra on y voit des maisons en adaubes comme celles des Aztèques. Le jour de Notre-Dame du Rosaire, premier dimanche de mai, les pauvres de ce village sont nourris et fêtés par l'amphitryon qui paye les frais de la fête et porte à cette occasion le titre de « dévot. »

Sanluri, grand bourg de quatre mille habitants, est célèbre dans les annales sardes du moyen âge. Son vieux château fort en ruines, rappelle les victoires du roi sicilien don Martino remportées en 1409, sur Améric, vicomte de Narbonne et bâtard de Savoie. Ses environs sont très-riches en marbres et en pierres à meules.

Monastir, petit village de quinze cents âmes, est perché sur un roc. On y voit un pont construit dans la roche vive et une colonne romaine avec une inscription à moitié effacée par des réparations modernes.

Sur la route d'Iglesias, à Siliqua, renommé pour ses bœufs, les plus beaux et les plus vigoureux de la Sardaigne, se trouve le château de la « Joyeuse garde, » bâti à l'époque des Juges. Près des ruines de l'ancienne chapelle de Santa-Maria, sur la rive gau-

che du Ciserro, on admire encore des restes considérables d'édifices romains.

Je ne parle ici que des localités dont le souvenir
m'est resté, mais il en est un grand nombre d'autres
qui, de Cagliari, sont pour les touristes l'objet de
promenades à cheval ou d'excursions utiles.

Cagliari, la capitale de la Sardaigne, siége d'un
archevêque et du vice-roi, compte environ trente-
cinq mille habitants. En arrivant par mer elle offre
un bel amphithéâtre, mais par terre, celui de Sassari
me semble préférable. Assise au fond d'une baie ou
plutôt d'un golfe de vingt-quatre milles de profondeur sur douze de largeur, Cagliari devait présenter
dès les temps les plus reculés un excellent ancrage
aux navires de commerce.

Les Phéniciens, les Grecs et les Carthaginois
furent attirés par cette belle position; ils construi-
sirent sur les hauteurs une ville fortifiée. Les Romains en firent le siége de leur commandement en
Sardaigne. Le port appelé « Darsena, » est assez profond pour permettre aux vaisseaux de guerre de
s'approcher du quai.

L'ancienne ville, entourée de murs et de tours, est
construite sur une colline, élevée à peu près de cent
cinquante mètres au-dessus du niveau de la mer.
C'est dans ce quartier, appelé « Castello » nom italien ou « Casteddu, » nom sarde, que résident les
autorités civiles et militaires, les nobles et les grands

propriétaires. Celui de la « Marina » est habité par les consuls des nations étrangères et le haut commerce. Les marins, les boulangers, différents corps de métiers et les entrepôts de grains, dont il se fait un grand commerce à Cagliari, sont plus particulièrement dans le quartier du Stampace. Dans le quatrième et dernier, nommé Villanova, demeurent les agriculteurs ; c'est aussi dans celui-là que se trouve « La Poudrière, » belle promenade où le dimanche et le jeudi la musique de la garnison attire une foule d'élégants et de désœuvrés des deux sexes.

On arrive au Castello par une avenue circulaire ombragée d'arbres. En montant cette belle avenue on peut contempler à loisir les admirables perspectives du golfe, du Campidano et des montagnes de la Barbagia. Des rues à pentes très-rapides et garnies de magasins bien achalandés réunissent pareillement la ville haute à la ville basse. Outre une forte citadelle, Cagliari est encore défendue par des fortifications voisines et trois tours massives construites par les Pisans.

La cathédrale, bâtie par les Pisans, au milieu du Castello, avec les restes d'une basilique fondée par Constantin, est grande ; elle a trois nefs ; elle est ornée d'assez bonnes peintures et enrichie de marbres précieux. La statue colossale du roi Charles-Félix, sur la place San Carlo, l'université fondée par le roi Charles Emmanuel et le nouveau théâtre ne sont pas sans mérite.

Parmi les cinquante-deux églises de Cagliari, il en est une dédiée à saint Augustin à laquelle est attaché un oratoire construit par ce saint, lors de son passage en Sardaigne. La tradition raconte que l'évêque d'Hippone, apprenant par le charpentier qui lui construisait son oratoire, que l'une des poutres du toit se trouvait trop courte, il dit au charpentier :

« Rien n'est impossible à ceux qui ont la foi, nous disent les Saintes Écritures, prenez la poutre d'un côté, moi je la prendrai de l'autre, nous la tirerons chacun à nous, et Dieu l'allongera. »

Aussitôt dit, aussitôt fait, et la poutre s'allongea de la longueur voulue. Les reliques de saint Augustin furent transportées d'Hippone à Cagliari en 505, par les évêques exilés d'Afrique au nombre de deux cent vingt, sous Thrasamond, roi des Vandales. Chaque année le pape Symmachus, né en Sardaigne, envoyait à ces exilés des vêtements et de l'argent. En 722, Luitprand, roi des Lombards, craignant que les Sarasins ne finissent par emporter le corps de saint Augustin, dans une de leurs fréquentes invasions, obtint des Cagliarèses l'autorisation de transporter ces reliques à Pavie, où il les fit déposer dans la cathédrale.

Le musée de Cagliari, quoique très-important, au point de vue de l'archéologie sarde, renferme moins de richesses qu'on devrait le supposer; il en exi=te pourtant quelques-unes de très-précieuses. Parmi les médailles sardo-romaines en argent on en voit une très-remarquable à l'effigie d'ATTUS BALBUS qui fut préfet de Sardaigne, environ soixante ans avant Jésus-Christ, et, par Atia sa fille, grand-père de l'empereur Auguste. Le revers de cette médaille représente la tête d'un guerrier coiffé d'un bonnet orné de plumes d'autruche avec l'inscription SARDUS PATER, supposé le fondateur de Nora, la première ville sarde bâtie par les Phéniciens.

Les médailles carthaginoises, assez nombreuses, ont presque toutes des têtes de Cérès, de cheval, des touffes ou des branches de palmiers; celles d'origine mauresque portent des inscriptions arabes des deux côtés.

Les vases sardo-phéniciens, égyptiens, carthaginois et romains en terre cuite, trouvés en Sardaigne, pour la plupart, dépassent le chiffre de mille. On voit aussi une inscription phénicienne découverte en 1774, à Pula, — l'ancienne Nora, — et une multitude d'idoles sardes en bronze ou en pierre.

Ces idoles sont généralement considérées comme des miniatures des divinités cananéennes ou syrophéniciennes et peuvent être regardées, à cause de leur dimension, comme des dieux larres des anciens Sardes. Les principaux emblèmes de ces divinités sont des chiens, des chats, des oiseaux, des bateaux d'Isis, des symboles astrologiques, astronomiques et des offrandes à Astarte. Le musée de Cagliari fournit des preuves irrécusables de l'origine phénicienne des Sardes.

Le premier mai de chaque année, les habitants de Cagliari font une procession en l'honneur de leur patron et protecteur saint Éphise, pour les avoir délivrés de la peste qui les décimait depuis quatre ans. Sans doute ce saint prêtait une oreille fort distraite aux prières de ses protégés ou bien ces prières étaient peu ferventes, pour qu'il se décidât à ne les exaucer qu'au bout de quatre années.

Cette procession part de Cagliari et se rend près de Pula, à une petite église construite sur l'emplacement où saint Éphise reçut la palme du martyre. Le statue du saint est portée en triomphe sur un char traîné par deux énormes bœufs couverts de fleurs; elle est escortée par les dignitaires du pays, à cheval et en grand costume, et suivis par un immense concours de peuple venu non-seulement de tous les villages voisins, du Campidano et des Barbajia, mais encore des districts les plus reculés de l'île. C'est l'étalage le plus beau, le plus vaste et le plus varié des somptueux costumes sardes que l'on puisse voir.

Je ne sais si cette coutume de fourrer des bœufs dans presque toutes les processions est une réminiscence du paganisme, mais ce qu'il y a de certain, c'est qu'en les voyant et retranchant les croix, les bannières et le clergé de ces processions, on croirait assister à l'une des fêtes de la Grèce ancienne, en l'honneur de Cérès ou d'autres divinités de ce genre.

A Ozieri et dans d'autres provinces de la Sardaigne, on célèbre pareillement le premier mai, depuis un temps immémorial, mais d'une tout autre façon qu'à Cagliari.

Ce jour-là, les jeunes gens des deux sexes se réunissent devant la maison de l'un d'eux, se couvrent d'une sorte de linceul blanc et s'assoient en rond autour d'un panier dans lequel ils mettent chacun un objet qui leur est propre.

On choisit ensuite une jeune fille pour retirer au hasard du panier, recouvert d'une étoffe qui le cache, les objets qu'il renferme. Au moment de mettre la main dans le panier, une autre jeune fille chante le refrain suivant :

> Maju, maju, beni venga
> Cun totu su sole e amore ·
> Cun s'arma e cun su fiore
> E cun su margaritina.

TRADUCTION.

> Mai, mai, sois béni, viens
> Avec tout le soleil et l'amour,
> Viens avec l'arme et la fleur,
> Viens avec la marguerite.

A ce refrain, elle y ajoute un complet improvisé, dans lequel elle fait des vœux de bonheur, de prospérité, et souhaite mille choses heureuses à celui à qui appartiendra l'objet que sa compagne va sortir du panier.

L'objet donné, elle recommence le refrain de mai, improvise un autre couplet; mais dans celui-là elle souhaite et prédit toutes sortes de malheurs au propriétaire de l'objet qui va sortir. Des chants d'heureux ou de funestes présages alternent et se continuent jusqu'à ce qu'il ne reste plus rien dans le panier. Le jeu fini, chacun se disperse, la moitié de l'assemblée satisfaite du bonheur prédit, et l'autre riant « jaune » des malheurs prophétisés.

Serait-ce cette coutume qui aurait donné lieu à l'expression de « rire sardonique, » déjà connue du temps d'Homère, rire qu'il prêtait à Ulysse insulté par les amants de Pénélope?

Encore un mot sur Cagliari pour terminer. Lorsque la République française eut décrété la conquête de la Sardaigne, en 1792, l'île de Sant'Antioco, dont j'ai déjà parlé, fut désignée pour point de ralliement de la flotte d'attaque, commandée par l'amiral Truguet, de triste mémoire.

Le 22 janvier 1793, la flotte parut dans le golfe de Cagliari, et le 24 au matin, l'amiral envoya une barque parlementaire. La garde rurale l'accueillit à coups de fusil et des décharges de mitraille qui lui tuèrent plusieurs hommes. Le bombardement de Cagliari commença bientôt après; mais le feu, mal dirigé, ne causa presque pas de dommage à la ville et aux habitants. Une tempête vint ensuite disperser la flotte, et, malgré de nouvelles tentatives essayées dans le sud comme dans le nord, les Français durent abandonner leur projet de conquête, sans avoir retiré aucun avantage matériel ou d'amour-propre de leur expédition contre la Sardaigne.

VI

Province de Nuoro. — Benetutti et ses femmes. — Bitti et ses
bergers. — Les chiens de Fonni. — La *rendetta* à Bottidda.—
Maisons des sibylles. — Tombeaux des géants. — Fours bibliques. — Pains de glands et d'argile. — Cercle vicieux de l'âne
et de la meunière. — Les jeunes filles à la meule.

Cela ne suffit pas, pour bien connaître la Sardaigne, d'avoir fait le trajet de Porto-Torres à Cagliari,
c'est-à-dire d'avoir parcouru l'île dans presque toute
sa longueur. Après ce tableau d'ensemble, dont les
voyageurs pressés se contentent, il faut pénétrer
dans la province de Nuoro, à l'est ; dans celle de la
Gallura, à l'extrême nord, et dans celle d'Alghero, à
l'ouest, pour voir les détails et se rendre compte de
la singularité de ce pays.

Dans la province de Nuoro, quatre villages surtout
attirent l'attention des touristes sérieux et studieux,

car c'est dans ces quatre villages que se révèle le plus clairement le caractère antique des habitants. Disons quelques mots sur eux en passant.

Au fond de la vallée de Goceano s'étale, auprès d'un ruisseau, le village de Benetutti, brûlé pendant le jour par les rayons concentrés du soleil, refroidi pendant la nuit par l'humidité des cours d'eau, des forêts et des montagnes voisines. A trois kilomètres des dernières maisons sourdissent les eaux thermales de San Saturnino, dont personne ne profite à cause de l'atmosphère malsaine de cette vallée. A Benetutti, les femmes s'enveloppent la tête et la taille avec une étoffe noire d'une longueur démesurée ; elles s'entortillent avec cette sorte de voile les cheveux, le cou, les oreilles et le visage, de manière à ne laisser à nu que le nez pour respirer et les yeux pour y voir. A Nuoro et à Busacchi, ce voile est en mousseline blanche et les plis bien moins compliqués.

Bitti, petit village triangulaire, est perché sur un pic au milieu d'une forêt ; il est renommé par la pureté de la langue latine, parlée depuis l'occupation romaine dans plusieurs localités de cette province et par la douceur de l'idiome national contenant plus de mots grecs que dans les autres districts de la Sardaigne.

Les habitants de Bitti s'adonnent peu à l'agriculture ; ils préfèrent mener la vie errante des peuples pasteurs. Ne professant aucune inclination pour le célibat, ils se marient de bonne heure et se font aider de leurs femmes qui les suivent dans leurs longues pérégrinations, imposées par leur métier de berger. Chevelus et barbus comme aucun, irascibles et passionnés pour la vendetta, ils conservent précieusement les vêtements ensanglantés de leurs parents tombés sous les coups d'un ennemi, pour exciter leurs fils et leurs amis à la vengeance; néanmoins, ils sont généreux envers un ennemi repentant. Les femmes, comme celles de Benetutti, ont la figure voilée et portent sur leur tête une coiffure appelée *caretta*, qui a la forme d'une barque ou galère garnie d'or et brodée en soie.

Si l'on retranchait de Fonni les bergers, les brigands et les bandits, il ne resterait que des chiens. C'est dans ce village que s'élève la meilleure race ou pour mieux dire la plus féroce des chiens sardes dont j'ai parlé dans un chapitre précédent. Leur éducation, du reste, se limite à les affamer et à les lancer de temps en temps sur un mannequin ayant au cou une vessie remplie de sang. Ces sortes de chiens étranglent facilement un homme à cheval; quelquefois, les montagnards de Fonni se défont, par ce moyen, d'un ennemi qu'ils ne veulent tuer ni par le fer ni par le feu.

Au pied du mont Corona on voit le grand village de Bottidda décimé par la vendetta, au point que sa population est réduite à moins de six cents habitants. Les hommes sont tellement occupés à s'entr'-égorger qu'ils n'ont pas le temps de cultiver la terre ni de se livrer à la vie de berger. Ils vivent frugalement du produit de la vigne et du commerce des peaux qu'ils vendent à Bosa. Sept jours après la mort d'un membre de leur famille, ils donnent un grand banquet et envoient des provisions de bouche à leurs parents, aux amis et aux pauvres.

Le nom de Corona donné à la montagne qui domine Bottidda vient d'une « nurraghe » qui couronne le sommet de cette montagne. Les nurraghe, on le sait, font partie de ces monuments cyclopéens, dont fourmille la Sardaigne, et qui sont réputés les plus anciens du monde. Ces monuments sont trop intéressants pour les passer sous silence, et je crois utile d'en faire ici une brève description.

La Sardaigne renferme trois variétés de tombeaux anciens, sur lesquels plane une mystérieuse et complète obscurité. Ce sont les *sepoltura de is gigantes,* tombeaux des géants : *domos de sus vergines,* maisons des Sibylles, et les *nuraghes.*

Les « maisons des Sibylles » sont simplement des sépultures de troglodytes, creusées à la manière cananéenne dans les rochers ; on a pourtant trouvé quelquefois dans ces tombeaux des squelettes d'une stature colossale.

Les « tombeaux des géants » sont à ciel ouvert,

disséminés dans les plaines et sur les montagnes. Sur ces tombeaux s'élèvent ordinairement un ou plusieurs monolithes, comme sur les tombes celtiques, mais en Sardaigne ces monolithes ont pris, au moyen du marteau, la forme d'un cylindre conique qui rappelle les monuments phalliques de l'antiquité. Leur hauteur varie de deux à six mètres.

Ces monuments sont, en général, entourés d'une clôture faite avec d'énormes pierres non cimentées, placées autour d'une fosse de cinq à quinze mètres de longueur sur un ou deux de largeur. Cette fosse est recouverte de pierres plates, espèce de dallage primitif et grossier qui date de l'époque de l'érection du tombeau.

Quoique ces sortes de constructions se retrouvent dans presque toutes les contrées peuplées par des tribus libyques, cananéennes ou phéniciennes, on n'en voit nulle part identiques en forme et grandeur à celles de la Sardaigne. Les dolmen d'Anglesey, de Kerland, les monuments d'Albersdorff dans le Hanovre, d'Oldenstadt, ceux de l'Irlande, de la Bretagne et des îles Baléares sont orientés vers le levant comme ceux de la Sardaigne, mais n'offrent pas les mêmes caractères.

Dans les environs de Sassari on en a découvert, il y a quelques années, un ou deux renfermant des squelettes de sept pieds de longueur. A très-peu de distance de Nuoro, un squelette trouvé dans un de ces « tombeaux de géants » mesurait près de onze pieds et tomba en poussière quelques minutes après son contact avec l'air.

Ceci me fait souvenir du récit des hommes envoyés par Moïse pour voir quels gens habitaient la Terre Promise, gens de la race d'Énac, d'une stature tellement gigantesque que les espions israélites se comparaient à des sauterelles en présence de ces colosses[1]. D'après la Bible, il y aurait eu des géants parmi les Moabites comme parmi les Cananéens.

L'histoire ancienne nous parle également de géants et de squelettes d'hommes d'une stature colossale trouvés à Messène, dans le Péloponèse et en Sicile[2]. L'historien sicilien Thomas Fazello, en cite également plusieurs, entre autres celui découvert à Mazzara en 1516, qui était plus grand que le roi Og et tous les géants de la race d'Émim de Zonzommim et les Énacides de la Bible. Pline, Tertullien et saint Augustin font pareillement mention de squelettes d'hommes gigantesques trouvés en Crète et sur les côtes d'Afrique. Je ne sais si l'on a plus de raison de nier l'exactitude de ces faits que de les croire simplement, en voyant les monuments qui perpétuent leur souvenir. J'aime autant les croire.

Les nuraghes sont pareillement d'une époque

1. Ibi vidimus monstra quædam filiorum Enac, de genere giganteo, quibus comparati, quasi locustæ videbamur. (Lib. Num. xiii, 34).
2. Phleg. de Reb. mirab. (cap. xii).

antéhistorique tout à fait inconnue et paraissent être des constructions postérieures aux « tombeaux des géants. » Les uns estiment à plusieurs centaines le nombre de ces monuments répandus dans la Sardaigne, et d'autres à un, deux et même trois milles. Ils ont la forme d'un cône tronqué de dix à vingt mètres de hauteur et de quarante à cent mètres de circonférence. Les murs se composent d'énormes blocs de pierres placées les unes sur les autres, sans ciment, par couches horizontales régulières et diminuant de volume en approchant du sommet. Dans quelques nuraghes les pierres semblent avoir été légèrement dégrossies avec le marteau.

L'intérieur est ordinairement divisé en deux chambres superposées et voûtées, à la manière cyclopéenne, c'est-à-dire au moyen de dalles se projetant les unes sur les autres. On arrive à la chambre supérieure par un escalier grossièrement construit dans l'épaisseur du mur, en contournant l'édifice. Au rez-de-chaussée se trouvent communément une ou deux cellules ouvertes aussi dans l'épaisseur du mur comme on le voit en Irlande dans plusieurs monuments cyclopéens et surtout au fort Staigue du comté de Kerry. L'entrée des nuraghes est toujours très-étroite et très-basse, elle rappelle l'entrée des tumuli celtes de la grande nécropole irlandaise située sur les rives du Boyne.

Les opinions des archéologues sur l'origine et la

destination de ces édifices ne s'accordent pas du tout. Les uns veulent y voir les « titres » ou tumuli de possession ou de souvenir dont il est fréquemment parlé dans l'Écriture Sainte[1]. D'autres affirment que les nuraghes ont été bâties par les premiers pasteurs à l'exemple des pasteurs israélites, comme l'indique l'histoire de Jéhu. Des savants en font des autels à l'instar de ceux commandés par Moïse au nom de Dieu, quand il disait : « Tu édifieras à Dieu ton Seigneur un autel dont les pierres n'auront pas été touchées par le fer, et de roches informes et non polies. » (Deut. xxvii, 5, 6.)

Les partisans de cette dernière opinion ajoutent que ces autels gigantesques avaient été construits par les Phéniciens pour le culte du feu ; ils appuient leurs arguments sur la forme des nuraghes et l'étymologie de ce mot qui semble venir des mots phéniciens : *nur*, feu, flamme, et *ayhs*, véhément, brûlant. L'opinion la plus commune et la plus probable est que c'étaient tout à la fois des tombeaux et des autels ou pour mieux dire des tombeaux sur lesquels on sacrifiait aux divinités phéniciennes.

Ce n'est pas ici que je puis exposer mes propres

---

1. Tulit lapidem.... et erexit in titulum (Gen. xxviii).

Cum venisset (Jehu) ad cameram pastorum in via, extruxit etiam turres in solitudinem, et effodit cisternas plurimas eo quod haberet pecora multa. (Parap. xxvi, 10). Ce dernier texte pourrait s'appliquer exactement aux nuraghes de la Sardaigne.

théories, provenant d'études comparatives faites en Bretagne, en Angleterre, en Irlande, aux États-Unis, au Mexique comme en Italie, sur les monuments cyclopéens ; je dirai seulement que tous ceux qui se sont occupés des nuraghes de la Sardaigne, paraissent ignorer une grande partie des richesses archéologiques cachées dans ces édifices.

On a parlé des statuettes représentant l'Astarté sidonienne, — l'Astaroth de la Bible, — adorée des populations cananéennes, et d'autres idoles de divinités phéniciennes trouvées dans les nuraghes, mais on semble n'avoir fait que des recherches superficielles dedans et autour de ces constructions, car je n'ai vu nulle part aucune mention d'autres objets qu'on y rencontre pourtant en quantité.

Plus heureux ou plus patient que mes devanciers, mes découvertes ont eu plus de succès. En 1844, je fus chargé de présider à des fouilles qu'un de mes amis faisait pratiquer dans une nuraghe située sur une de ses propriétés non loin d'Alghero. En dégageant le monument des broussailles qui en obstruaient l'approche, nous découvrîmes, à quelques mètres de l'édifice, un puits étroit, très-profond et couronné par une seule pierre taillée semblable à celle dite du « Puits de la Samaritaine, » transportée de la Judée dans le cloître de Saint-Jean de Latran à Rome.

Nous mîmes à jour trois urnes énormes en terre

cuite, placées contre les blocs du mur, remplies de cendres, ayant près de deux mètres de hauteur, et d'une épaisseur de trois centimètres environ. Une d'elles avait été cassée, puis raccommodée avec des lames de plomb.

Dans l'intérieur de la nuraghe, au-dessous d'une couche de terre végétale, nous vîmes une couche de cendres de cinquante centimètres d'épaisseur. Dans cette couche et dessous nous avons trouvé une épée et une hallebarde en métal de Corinthe, une tortue en terre cuite, peinte et vernie comme celles que l'on retrouve dans les téocallis et les tombeaux mexicains, des vases en terre cuite, noirs, ayant la forme de ceux que j'ai rapportés d'origine palenquéenne et de la Nouvelle-Grenade, des lampes lacrymatoires pareilles à celles des columbarium des environs de Rome, des idoles phéniciennes et du blé, dont plusieurs grains plantés en terre immédiatement ont germé et donné de magnifiques épis dans la même année.

Ces objets furent, en grande partie, envoyés au roi Charles-Albert, qui dut les mettre au musée de Turin.

Dans plusieurs provinces de la Sardaigne, mais surtout dans les villages des monts Limbara, de la vallée du Goceano et le campidano d'Ozieri, on fait encore cuire le pain dans ces sortes de fours souterrains dont parle la Lévitique.... *in uno libano coquant panes* (cap. XXVI, 26). En certains endroits même, on le fait cuire tout bonnement sur la cendre comme il est dit dans la Genèse.... *subcinericios panes coquere.*

On retrouve également dans certaines localités retirées et sauvages, le pain fait avec de la farine d'orge, de fève, de lentille, de millet et de vesce, pareil à celui décrit par Ézéchiel : *Et sume tibi frumentum, et hordeum, et fabam, et lentem, et milium, et viciam.... et fac tibi panes* (cap. IV, 9). Dans les montagnes de l'Oleastra, les bergers et les habitants des villages de Baonei, d'Arzana, de Gairo, d'Ursulei et de Triei ne mangent guère d'autre pain que celui fait avec de la farine de gland, mélangée d'argile onctueuse et saupoudrée de cendres. Ce genre de pain, tout biblique qu'il soit, puisque l'Exode en parle, m'a toujours paru atroce au goût et désagréable à manger ; il craque sous la dent d'une façon « bien pénible » pour la mâchoire.

Pour moudre le grain, les Sardes n'ont encore d'autre moulin que celui dont on se servait en Orient peu de temps après le déluge ; je crois qu'il n'a pas été perfectionné depuis cette époque soit en Sardaigne, soit en Orient. Dans certains endroits c'est un petit âne qui tourne la meule, dans d'autres c'est une jeune fille.

La première méthode est la plus répandue, au grand mécontentement de messire baudet. Celui-ci, les yeux bandés, tourne autour du moulin des journées entières; en recevant un coup de trique chaque fois qu'il passe devant la femme chargée de mettre le grain dans la meule. Je dois dire entre parenthèses que le moulin est une simple boîte carrée, renfermant les deux meules; à celle de dessus est attaché un bâton que l'âne tire et qui donne le mouvement de rotation à la meule supérieure. Je crois que le mot de « cercle vicieux », provient de la petite comédie jouée par la femme et le bourriquet, en moulant le grain.

L'âne est certainement un des quadrupèdes les plus précieux du globe; aussi, je ne suis pas étonné qu'on en voie en Orient qui valent cinq et six mille francs. Il est bon, sobre, philosophe, patient et rêveur; il est bien un peu paresseux et entêté, mais quel est l'être vivant qui n'a pas ses défauts? La perfection n'est pas de ce monde. Soit paresse, soit philosophie, il tourne la meule aussi lentement que possible, et le grain ne se moud ni vite, ni bien; mais au moment de passer devant la meunière, il fait deux ou trois pas rapides pour esquiver la trique, puis il reprend son allure somnolente. Quoique aveuglé par son bandeau, il sait parfaitement bien quand vient le moment fatal, mais il a beau se dépêcher, sa croupe n'évite pas le maudit bâton. C'est alors que, soit paresse, soit rancune ou découragement, il poursuit sa marche lente et rêveuse.

La meunière, assise à l'orientale auprès du moulin, trie son grain et chante une chanson qui doit avoir environ deux mille couplets, à moins que ce ne soit toujours le même qu'elle répète pendant douze heures d'une voix nasillarde. Quand l'âne passe devant elle, elle prend machinalement un bâton placé *ad hoc* à la portée de la main, et lui en donne régulièrement un coup pour le réveiller.

Si le bourriquet n'accomplissait pas avec autant de lenteur son mouvement de rotation, sa maîtresse ne le battrait pas. Si la meunière ne battait pas son âne, il serait moins triste et tournerait sans doute, plus vite. Faute de s'entendre, l'un a la peine de recevoir les coups, et l'autre celle de les donner.

Dans des bas-reliefs et des peintures de Pompée on voit de jeunes filles tourner la meule des moulins, à la place des baudets. Cette coutume existe pareillement à l'île de la Maddalena, à Castel-Sardo et dans d'autres districts de la Sardaigne comme elle existait parmi les Israélites selon le témoignage de l'Exode (cap. xi, 5). C'est ordinairement de nuit que se fait ce travail, et pour se tenir éveillées, ces jeunes filles chantent jusqu'à ce que leur tâche soit achevée.

De même que les bergères de Florian et celles de l'Opéra-Comique ne ressemblent pas à celles qui gardent les troupeaux dans les plaines et dans les montagnes, il est très-probable que les personnages d'Homère ont été considérablement embellis et poétisés par l'auteur de l'Iliade et de l'Odyssée. Les jeunes filles chantées par le poëte grec devaient être même à mon avis, un peu moins poétiques que celles éthérisées, pour ainsi dire, dans nos idylles et nos pastorales. La réalité, dans l'espèce humaine, n'est pas assez belle pour nous charmer sans les ornements de la fiction. Aussi, je ne prétends pas, dans mes tableaux d'intérieur sarde, présenter des modèles d'élégance, de grâce et de beauté, je n'ai qu'une intention, celle de montrer l'antiquité des coutumes dont je parle.

L'usage de faire tourner la meule à de jeunes filles ne date pas d'hier, je l'ai prouvé. En lisant l'Odyssée, on dirait qu'Homère a voulu peindre une bonne partie des mœurs de la Sardaigne. La citation suivante, sur le sujet que je traite en ce moment, en donne un exemple frappant.

On se rappelle que dans le vingtième chapitre de ce remarquable poëme, Ulysse de retour auprès de Pénélope qui ne l'a pas encore reconnu, entend au lever de l'aurore la voix de son épouse qui supplie les dieux de la délivrer des poursuites de ses prétendants. Ulysse inquiet demande à Jupiter d'entendre dans l'intérieur du palais un mot d'heureux présage, prononcé par l'un des hommes déjà éveillés. Sa prière est exaucée.

« Au même instant, dit Homère, près de la grande salle, une esclave occupée à moudre prononce le mot d'heureux présage. Douze femmes font tourner les meules du pasteur des peuples pour préparer l'huile et la farine, moelle de l'homme. Elles se sont endormies après avoir réduit du froment en poudre. Une seule que sa faiblesse a empêchée d'achever sa tâche, est encore à l'ouvrage; c'est elle qui arrête sa meule, et prononce ce présage pour son roi, etc. »

Mais nous sommes loin d'être au bout des surprises que nous ménage la Sardaigne, avec l'histoire ancienne en main.

D'après un monument découvert il y a quelques années, près de la porte de Sainte-Marie-Majeure à Rome, dans le tombeau d'un riche boulanger, on voit que le moulin, le four, le pain et tout l'attirail dont se servaient les Romains pour moudre le blé et cuire la pâte étaient les mêmes que ceux usités dans presque toute la Sardaigne. Chose peut-être plus remarquable encore, c'est que les noms latins : *simila*, *pollen*, fleur de farine, et *furfur*, son, ont été conservés dans la langue sarde sans être trop dénaturés par le temps, et qu'aujourd'hui les Sardes désignent, sous les noms de : *simbula*, *poddini*, et *furfuru*, les trois variétés appelées par les Romains : *simila*, *pollen* et *furfur*.

VII

Province de la Gallura. — Sanctuaires. — Les bandits et les Anglais. — Tempio. — Fontaines, jeunes filles et bourriquets. — Vie pastorale. — Les bergers sardes. — Le *clibanum*. — Une recette sardo-biblique pour M. le baron Brisse. — La *ponidura*.

La province de la Gallura, baignée sur trois côtés par la mer, occupe la région la plus septentrionale de l'île; son nom, je crois, est d'origine serbe; son climat est beau, sain; ses montagnes rafraichissent l'atmosphère; son air est salubre et doux, excepté à l'époque de l'intempérie; sa population est aimable, généreuse et patriarcale au suprème degré. Quand un étranger reçoit l'hospitalité dans une famille, la maîtresse de maison lui présente une fleur sur le seuil de sa porte. Les femmes de la Gallura sont célèbres par leurs talents d'improvisatrices. Leur costume est très-élégant, et, même celui des bergères, — très-nombreuses dans cette province, — ne manque pas de richesse et d'originalité.

La culture des plantes céréales, de la vigne et des arbres fruitiers, très-estimée dans la Gallura, constitue pourtant moins la richesse du pays que l'élevage des chevaux, des bœufs, des moutons, des chèvres et des cochons; aussi, c'est dans cette province que la vie pastorale est la plus commune et la plus primitive, j'allais dire biblique, dans son organisme social. J'en donnerai bientôt un aperçu.

Au milieu des solitudes de cette province s'élève le Monte Santo, au pied duquel est assis le village de Logo Santo qui peut se comparer à la Mecque des Gallureses. Ce sanctuaire date du treizième siècle. La tradition raconte qu'à cette époque deux frères franciscains vinrent de Jérusalem, conduits par une vision, à la recherche des reliques de saint Nicolas et de saint Trano, anachorètes, martyrisés en cet endroit, en 362. Les reliques découvertes, trois églises, deux en l'honneur des deux saints, et la troisième dédiée à la sainte Vierge, furent construites sur l'emplacement désigné par les deux moines. Ils se bâtirent eux-mêmes un couvent, autour duquel s'établit le village de Logo Santo.

Lors de la fête de ce sanctuaire et de celui, — non moins vénéré, — de Sainte-Marie-d'Arsachena, également près de la vallée de la Liscia, l'assemblée des pèlerins se livre à des danses accompagnées de

.chants et de musiques qui rappellent les rites des cérémonies religieuses hébraïques et orientales. Cela n'empêche pas les pieux pèlerins de tuer de temps à autres quelques carabiniers et autres soldats du roi, venus à la fête pour garantir l'ordre public.

Ce pays, il est vrai, ne jouit pas seulement d'une nature des plus romantiques, il possède en outre une quantité raisonnable de bandits, assez disposés à mettre la main sur la propriété d'autrui et le poignard dans le cœur, soit d'un ennemi, soit d'un homme embarrassant. Néanmoins, les bandits sardes, en général, et ceux de la Gallura en particulier, sont loin de voler et de tuer tous les gens qu'ils rencontrent sur leur chemin. En attendant les détails que je donnerai plus loin sur cette honorable classe de la société, je vais citer quelques exemples de leur désintéressement et de leur abnégation.

Un touriste anglais, en traversant les montagnes de Tempio à Longone tomba dans une escouade de cinq ou six bandits armés jusqu'aux dents qui, voyant qu'ils avaient affaire à un étranger, le prièrent de se laisser escorter par eux pour qu'il ne lui arrivât pas de malheur en chemin. Refuser était impossible, et la cavalcade se mit en route. Après avoir chevauché pendant trois heures dans une forêt, par des sentiers peu frayés, les bandis s'arrêtèrent brusquement, parlèrent à voix basse et l'un d'eux se séparant de ses collègues disparut derrière les arbres de la forêt.

L'Anglais commençait à trouver sa position tant soit
peu critique, lorsque apercevant tout à coup, à travers un espace ouvert un autre groupe de bandits,
il comprit ce dont il s'agissait.

Son escorte était arrivée à l'extrême limite du
théâtre de ses exploits; de l'autre côté se trouvait
une bande d'ennemis mortels contre lesquels on
guerroyait sans cesse. L'homme disparu parlemen-
tait, un drapeau blanc à la main. La conférence se
termina pacifiquement. La première escorte quitta
l'Anglais en lui faisant mille souhaits de bon voyage;
celui-ci traversa le terrain neutre et fut conduit à
destination, par le second groupe de bandits, avec
toutes sortes de déférences. Ni les uns, ni les autres
ne lui réclamèrent une obole pour ses frais de nourriture et la peine qu'ils s'étaient donnée pour lui
servir de guides, au risque de leur vie.

Une autre fois, une famille anglaise très-nom-
breuse, comme elles le sont ordinairement, suivait
la même route, s'arrêtant très-fréquemment pour
permettre à l'une des dames de croquer sur son
album quelques lambeaux de paysage. Quand arriva
le crépuscule, on était encore dans les bois, bien
loin de Tempio. On se mit alors à la recherche d'une
ferme ou d'une cabane quelconque pour y passer la
nuit. Après des marches et contre-marches des plus
fatigantes, la famille finit par découvrir une petite
maison dans laquelle elle fut reçue avec cette hospi-

talité caractéristique des Sardes, et si vantée chez les Écossais, par ceux qui n'ont jamais mis les pieds en Écosse.

La situation parut très-drôle ; elle égaya surtout les jeunes *misses* qui riaient aux éclats ; mais ces rires furent subitement interrompus par des cris d'hommes qui frappaient violemment à la porte et demandaient d'entrer. Leur refuser, c'était s'exposer à voir la porte s'enfoncer sous leurs coups. On ouvrit ; les bandits armés de leurs fusils et de leurs poignards entrèrent et tombèrent sur les malles et les valises qui furent visitées minutieusement.

Quelques-uns des membres de cette famille leur dirent dans le paroxysme de leur frayeur.

« Prenez tout ce que vous voudrez, mais épargnez notre vie. »

A ces mots les bandits remirent leur butin dans les malles ; puis, debout, appuyés sur le canon de leurs fusils :

« Nous sommes des proscrits, répondirent-ils, mais les lois de l'honneur et de l'hospitalité nous sont sacrées. »

Sur ces paroles ils s'en allèrent, et les Anglais revenus de leur terreur achevèrent gaiement leur souper. Mais comme ces bandits ne font jamais rien à moitié, ils revinrent bientôt avec leurs femmes et leurs enfants, en habits de fête, et se mirent à danser et chanter pour rassurer les Anglaises, les égayer et leur faire trouver agréable leur séjour dans les montagnes de la Gallura.

Tempio, chef-lieu de la province, est une petite ville assez malpropre construite en beau granit. Ses maisons, bien bâties, ne manquent pas d'un certain air de grandeur; quelques-unes même sont de vrais palais, mais des palais italiens, et l'on sait qu'en Italie le mot de « palais » est aussi prodigué que celui « d'excellence. » Sa cathédrale, dédiée à saint Pierre, est la seule des treize églises de Tempio qui mérite d'être visitée.

Située au milieu de la plaine de Gemini,—plateau élevé à six cent soixante mètres au-dessus du niveau de la mer,—la ville s'étend sur un mamelon, regardant d'un côté la magnifique chaîne des Limbura, dont les cimes déchiquetées atteignent 1265 mètres de hauteur, et de l'autre côté, les montagnes d'un aspect non moins sauvage qui longent la vallée de la Liscia. La Sardaigne offre peu de panoramas aussi beaux que celui qui se déroule devant Tempio.

Les Tempièses sont hardis, courageux, hospitaliers, bons agriculteurs, adroits tireurs; ils fabriquent les meilleurs fusils de l'île et savent également le mieux s'en servir; beaucoup s'adonnent à la vie pastorale, principale occupation des habitants de la Gallura.

Peu de temps avant la suppression des vice-rois à Cagliari, lorsque je me trouvais encore en Sardaigne,

l'*Intendente* ou gouverneur de Tempio, s'étant com-
promis par des actes d'injustice, reçut « le signal de
la mort. » Quand un homme veut exécuter une vengeance à mort, il doit, selon l'usage du pays, avertir
son ennemi pour lui donner le temps de se repentir,
de se préparer à mourir ou de faire une immédiate
réparation. Ce signal consiste ordinairement en une
balle envoyée à travers la fenêtre ou la porte de la
maison. Malgré les précautions prises par ce gouverneur après l'avertissement donné, il fut assassiné
un soir sur la place publique.

L'eau fraîche et pure coule abondamment à Tempio et dans ses environs. On voit surtout une fontaine, près du palais du gouverneur qui est très-
estimée des Tempièses; l'eau surgit d'un rocher
naturel, ombragé par des saules babyloniens. Dans
la journée, mais principalement le soir les jeunes
filles viennent y remplir leurs cruches. Cette coutume, vieille comme le monde, m'engage à rappeler
ici quelques passages de la Bible, applicables à la
Sardaigne. Mais avant, je ne puis m'empêcher de
faire quelques réflexions philosophiques inspirées
par la circonstance.

J'ai déjà dit que le soin de moudre le grain était
l'apanage exclusif des ânes et des jeunes filles, c'est
encore aux jeunes filles comme aux bourriquets
qu'est dévolu le soin d'approvisionner d'eau la
maison pour les besoins de la famille. Tourner une

meule pendant un nombre d'heures plus ou moins long; faire un ou plusieurs kilomètres par jour avec une cruche, plus ou moins lourde, sur la tête ou sur les épaules, sont deux choses peu récréatives, mais qui n'ont après tout rien de très-déshonorant. Néanmoins, il paraît étrange de voir dans tous les pays primitifs, comme parmi les peuplades sauvages, le rôle de la femme si fréquemment assimilé à celui de l'animal.

Parmi les Indiens du nouveau monde la femme travaille comme une bête de somme; elle en remplit aussi les fonctions. En Orient, la femme, au point de vue social, est fort peu de chose. En Sardaigne, elle est très-respectée, très-estimée, mais, comme au temps des patriarches, elle reste à la maison pour y servir l'homme et se livrer aux travaux les plus humiliants.

Partout où l'on jette les yeux, on s'aperçoit que l'émancipation de la femme, même par le catholicisme, est incomplète. Dans les mœurs de toutes les nations, elle a conservé quelques anneaux de la chaîne des esclaves et quelques-uns des pepins maudits de la pomme qui lui a valu tant de misères depuis son exclusion du paradis terrestre.

Après avoir relevé ce fait, connu de tout le monde, je vais retourner, non pas à mes moutons, mais à la fontaine de Tempio et à la Bible.

Dans la Genèse, on voit que le serviteur d'Abraham, en s'approchant de Nachor, vit les jeunes filles de cette cité avec leurs urnes, sur la tête, venir puiser de l'eau à la fontaine. *« Ecce ego sto prope fontem aquæ, et filiæ habitatorum hujus civitatis egrediuntur ad hauriendam aquam. »* (Gen. xxiv, 13.) Saul fit une rencontre semblable en montant vers la ville de Suph. Ulysse et ses compagnons étant descendus à Télépyle, ville escarpée de Lamos, « rencontrent près des portes une jeune vierge qui en sort pour aller chercher de l'eau ; c'était la noble fille du roi Lestrygon Antiphate ; elle descendait à la belle fontaine d'Artacie, où le peuple allait puiser [1]. »

Ce récit d'Homère nous prouve que même les filles des rois se soumettaient anciennement à cette coutume, comme le faisait Rachel, la jolie fille de Bathuel, un des plus riches et des principaux seigneurs de Nachor, qui ne craignait pas de ternir sa beauté, ni de se fatiguer, en allant chercher de l'eau à la fontaine, située près de la ville [2].

Dans les grandes cités de la Sardaigne, ces jeunes vierges qui vont aux fontaines puiser de l'eau, ressemblent aux vierges homériques, israélites ou cananéennes comme nos bergères actuelles ressemblent à celles de Florian. Des créatures de quatorze à vingt

---

1. Odyssée, ch. X.

2. Habens hydriam in scapula sua puella decora nimis, et virgo pulcherrima; descenderat autem ad fontem, et impleverat hydriam, et revertebatur. (Gen. xxiv.)

ans et plus, malpropres, couvertes de haillons infects, ayant une tournure dévergondée, un langage à les faire exclure de nos halles, telles sont ces vierges qui, de nos jours, entretiennent d'eau la maison de leurs parents ou de leurs maîtres.

Dans les villages il en est autrement; les jeunes filles ne se couvrent pas de vêtements enrichis de broderies d'or et d'argent, ornés de rubans bleus et roses, mais elles sont propres, et leur gracieux costume national leur donne une tournure élégante ou pittoresque. Souvent elles se réunissent par groupes, placent sur leur tête ou sur les épaules leur cruche à forme antique; elles chantent le long de la route et dansent même sans paraître gênées par le poids qu'elles portent.

Fréquemment elles rencontrent auprès de la fontaine des jeunes gens qui les attendent, puisent de l'eau pour elles et qui viennent là pour causer plus facilement. De ces rendez-vous, plus ou moins avoués, sous les palmiers, les saules, les chênes ou les oliviers rafraîchis par l'évaporation de la source, naissent des liaisons qui préparent les mariages. Serait-ce pour cela que les jeunes filles de la Sardaigne vont si joyeusement remplir leurs urnes aux fontaines et qu'en revenant elles ne sont point gênées par leur poids?

J'ai dit aussi que les bourriquets partageaient cette occupation avec les vierges sardes. Cela est vrai, surtout dans les villes où les habitations sont éloignées des sources et la consommation d'eau plus grande.

Je ne sais pourquoi, dans plusieurs districts ces ânes sont appelés des « ânes-morts. » Ils sont petits, paresseux, maigrelets, mais très-vivants, et quoique on ne leur donne rien à manger, peut-être est-ce à cause de cela, ils ont un estomac d'autruche.

En effet, les pauvres bêtes n'ayant pour nourriture que ce qu'elles trouvent dans les rues, mangent des fonds de culottes, de vieux chapeaux, des débris de paillassons, des trognons de choux ou de laitue, en un mot tout ce que l'on jette dans la rue par les portes ou fenêtres. Les « ânes-morts » de la Sardaigne digéreraient des boîtes de sardines vides et des manches de couteaux. Pourtant, on ne se contente pas de les nourrir à coups de trique, mais on les oblige, en outre, à prendre leurs repas en marchant, car dès qu'ils s'arrêtent, maître bâton tombe durement sur la maigre échine des malheureux baudets.

La Gallura étant de toutes les provinces de la Sardaigne celle où la vie pastorale est la plus répandue, je dois ici parler des bergers et de leurs mœurs.

Les pâturages, aussi vastes qu'ils puissent être, sont ordinairement clos par un mur : *muro-barbaro*, en pierres sèches, comme on en voit en Irlande et dans le Mexique. L'espace ainsi renfermé s'appelle *tanca*, c'est-à-dire clôture. Les pâturages limités par une rivière, un bois, une vallée, une montagne, un bouquet d'arbres, se nomment *salto*.

Dans les uns, comme dans les autres, les pasteurs mènent une vie errante et sauvage, cherchant pour leur troupeau l'herbe la plus tendre, l'eau la plus abondante et l'air le plus frais, à cause des terribles chaleurs qui dessèchent les prairies, tarissent les sources et donnent à l'atmosphère la température d'un four à plâtre.

A l'aide des branches d'arbres et des broussailles, ils se construisent bien vite une grande cabane circulaire pour eux, un clos divisé en compartiments pour les brebis, les agneaux, les chevaux et les cochons. Cette cabane n'a ni-porte, ni fenêtre, mais une petite ouverture fort basse qui en tient lieu. Un lit de feuilles, quatre ficelles supportant une ou plusieurs claies d'osier, quelquefois des planches pour entreposer les objets qu'il serait imprudent de laisser traîner à terre, tel est le mobilier de cette habitation champêtre.

Dans le sud, les pasteurs vivent isolément ; leurs femmes, leurs enfants et les vieillards restent au village, gardent la maison et vont de temps en temps, à tour de rôle, porter aux pasteurs ce dont ils ont besoin. Dans la Gallura et la Nurra, ils ont avec eux toute leur famille et mènent dans les solitudes la vie des anciens patriarches orientaux.

Lorsqu'ils ont trait les brebis, et que les agneaux

ont suffisamment teté leurs mères, les bergers renvoient leurs troupeaux au pâturage, sous la garde des chiens, tandis qu'eux-mêmes restent dans leur cabane à faire le fromage. Le soir, ils vont chercher le troupeau, et recommencent chaque jour le travail de la veille. En lisant ce qu'Homère raconte de Polyphème, on peut avoir une idée très-exacte de la vie menée par les pasteurs sardes.

Leurs aliments sont cuits sur un trépied de la même manière et d'après la formule décrites dans la Bible et l'Odyssée, ce qui nous prouve que le baron Brisse n'a jamais été prêcher la réforme culinaire en Sardaigne, et que le progrès dans cet art y est inconnu. C'est à ce pays que doivent s'appliquer par excellence les paroles de Salomon : — « Rien n'est nouveau sous le soleil. » Néanmoins, s'ils conservent à l'état fossile, depuis trois ou quatre mille ans, l'art de faire la cuisine, je vais indiquer au gourmet baron la recette des pasteurs sardes pour faire rôtir un veau, un sanglier, ou bien un chevreuil entiers. Cette recette se trouve, du reste, dans le Lévitique et dans le livre du prophète Osée ; mais il est probable que notre célèbre baron n'ira jamais consulter la Bible pour compléter ses études sur la cuisine ancienne et moderne.

Quand les pasteurs veulent faire cuire un veau, un sanglier, ou bien un chevreuil, ils creusent un grand trou en terre ; pour aplanir et consolider le terrain, ils battent le fond et les côtés de ce trou qui, ainsi préparé, devient le *clibanum* biblique et des anciens. Ils le remplissent ensuite de branches sèches, — de bois aromatiques, autant que possible, — et y mettent le feu. Lorsque le bois est consumé, qu'il ne reste plus que des cendres chaudes et un peu de brasier, ils placent sur ces cendres un veau bien nettoyé, renfermant dans son ventre un agneau ou un cochon de lait, — si l'animal à rôtir est un sanglier ou un chevreuil, on le farcit plus communément avec des perdreaux ou des merles, — puis on allume sur l'animal un nouveau feu, dont la chaleur et les aromes pénètrent l'intérieur des chairs, qui se cuisent ainsi dans leur propre jus.

Il est inutile d'ajouter qu'un pareil rôti figurerait dignement sur la table d'un roi ; malheureusement, il serait difficile de trouver un plat assez grand pour le contenir.

Les pasteurs ont toutes les vertus patriarcales, cela ne fait pas l'ombre d'un doute ; ils n'en ont pas moins des défauts très-anciens dans le monde. Aussi, ne se font-ils pas toujours un scrupule insurmontable de manger des viandes qui proviennent d'un autre troupeau que le leur. Parfois, lorsqu'un veau, une génisse, ou tout autre « comestible » de ce genre vient rôder dans leur voisinage, ils l'ont vite conduit de vie à trépas, nettoyé et mis dans le *clibanum*, auprès duquel ils font semblant de se chauffer, quand le propriétaire arrive et leur demande s'ils n'ont pas vu l'animal égaré. A vrai dire, messieurs les bandits, à qui le fait est journalier, mettent souvent leurs propres larcins sur le compte des bergers, qui sont, généralement, très-honnêtes.

Les pasteurs sardes ont pareillement conservé, depuis le commencement des siècles, une coutume touchante appelée *Ponidura* ou *Paradura*, qui révèle un cœur aussi bon que généreux.

Lorsque les maladies, la malveillance, la rapacité des bandits, l'avidité des juges et des avocats, ou toute autre sorte de peste, ont fait, brusquement ou petit à petit, disparaître un troupeau et ruiné le berger, les voisins, les amis, les pasteurs se réunissent, font venir le malheureux et lui donnent chacun une jeune brebis. Quelquefois, quand la misère le talonne, il a lui-même recours à la *Ponidura*, c'est-à-dire qu'il va chez tous les pasteurs d'un ou de plusieurs districts leur demander de refaire son troupeau. Tous s'empressent de lui donner une brebis; de sorte, qu'en peu de jours, l'infortuné redevient riche, de pauvre qu'il était.

Les pasteurs du temps de Job avaient l'habitude d'ajouter à la brebis le don d'une boucle d'oreille en or : « *Et dederunt ei unusquisque ovem unam, et inaurem auream unam* (Job, XLII, 11). Il ne faut pas s'étonner si les bergers sardes ne font pas comme ceux de Job : l'or est si cher maintenant !

VIII

Anciennes superstitions concernant le chêne. — Jugements communaux rendus sous les chênes. — Plaidoiries en plein vent. — La thérapeutique des bergers. — L'amulette du séminariste. — Pèlerinage du bandit. — Singuliers remèdes contre le mauvais sort et les mauvaises influences. :

Dans leurs superstitions, comme dans leur histoire, dans leurs mœurs, comme dans leurs coutumes, on heurte à chaque pas, chez les Sardes, quelques-uns de ces monuments traditionnels des peuples antiques, qui donnent tant de valeur historique à ces vieux bas-reliefs ensevelis dans nos musées, à ces peintures échappées à l'action des siècles, et à ces livres qu'on ne lit plus, une fois sorti de l'école. Dans toutes les actions importantes de leur vie, on retrouve de précieux vestiges de ces temps fabuleux, qui contrastent si singulièrement avec les nôtres, et qu'il est curieux de relever.

N'est-il pas, en effet, étrange de voir aux portes de la France, à quelques lieues de Marseille, — cette vieille colonie phocéenne, qui n'a rien conservé de ses ancêtres, — un peuple dont les mœurs, les usages et même les superstitions sont décrits dans les livres les plus anciens du monde ? Pour éviter la monotonie d'une érudition toujours un peu fastidieuse, dans un livre non scientifique, je me contenterai de mettre en relief les côtés saillants de ces coutumes déjà signalées parmi les populations sémitiques, dans les récits bibliques et les poëmes d'Homère.

L'Écriture sainte et l'Histoire ancienne profane nous apprennent que les patriarches israélites, cananéens, et la plupart des Orientaux de l'antiquité, professaient une grande vénération pour le chêne. Rachel fut enterrée au pied du chêne, appelé par sa nourrice : — le Chêne des Pleurs, — *Quercus fletus* (Gen. XXXV, 8). L'ange qui apparut à Gédéon s'assit sous un chêne : — *Sedit sub quercu, quæ erat in Ephra* (Jud. VI, 11). Ce fut pareillement sous un chêne que Josué planta le témoignage de la pierre ou la pierre du témoignage, c'est-à-dire son autel : — *Subter quercum, quæ erat in sanctuario Domini* (Jos. XXIV, 26).

En citant ces textes de différentes époques, je constate que le chêne était en vénération depuis l'âge le plus reculé du monde, comme il le fut parmi les

Druides et les anciennes populations scandinaves et celtiques de la Germánie, de la Bretagne, des Gaules et d'Érinn. Ce respect superstitieux attaché à cet arbre, considéré, avec raison, comme le plus vénérable et le plus beau du règne végétal, s'est perpétué jusqu'à nos jours en Sardaigne. Le chêne n'est pas vénéré par les Sardes comme une sorte de divinité occulte, mais il est instinctivement regardé comme un être bienfaisant, un témoin auguste de leurs actes les plus importants de la vie, et qui doit exercer une influence mystérieuse sur tout ce qui se passe sous son ombre. Je serai plus dans le vrai, en disant qu'ils ne se rendent pas compte du sentiment qu'ils éprouvent pour le chêne, et qu'en cela, comme dans toutes leurs coutumes nationales, ils subissent uniquement l'influence des traditions.

C'est sous le chêne planté en face de l'église ou sur une place du village que les Sardes font leurs contrats, mitonnent leurs mariages, établissent les prix de leurs marchandises, discutent leurs intérêts et rendent la justice à laquelle la magistrature n'assiste pas. Un chêne, l'air libre, la vue des champs, des montagnes, et le ciel bleu, valent bien la salle lugubre d'un tribunal, ornée de figures ridicules ou méchantes, de la robe noire des juges, des bottes des gendarmes, de bancs crasseux, et douée d'une atmosphère écœurante.

Quand il s'agit d'un crime capital, la procédure

devient palpitante d'intérêt, à cause du caractère patriarcal qu'elle prend. Dans la Gallura, lorsqu'un homme meurt de mort subite ou violente, ses parents se réunissent après les funérailles pour chercher l'auteur prétendu du meurtre. Une fois qu'ils se sont accordés pour désigner un coupable, ils choisissent deux vieillards pour le juger. Les parents de l'accusé choisissent également de leur côté deux vieillards, qui se joignent aux deux autres pour instruire l'affaire.

Après s'être concertés, les quatre juges élus prennent un jour pour entendre les débats; puis ils intiment aux parties intéressées de se rendre devant le tribunal, qui se tient sous un chêne, au lever du soleil. Les juges sont à jeun et ne boivent, ni ne mangent jusqu'à ce que la sentence soit prononcée.

A l'ouverture de l'audience, les deux juges choisis par les parents du défunt déclarent à l'accusé qu'il est soupçonné d'être l'auteur du meurtre. Le plus proche parent du mort se lève ensuite et formule sa déclaration par ces mots adressés à l'inculpé :

« C'est toi qui l'as tué.

— Non, » répond ordinairement le prétendu coupable.

Sur cette réponse, les deux plaideurs sont éloignés du tribunal et leurs familles seules discutent devant les juges. Chacun parle à son tour; donne, pour ou contre la culpabilité, toutes les raisons, même les plus éloignées du sujet, qui peuvent favoriser le succès de la cause. Quel que soit le sexe ou l'âge de l'avocat provisoire, il n'est jamais interrompu par la partie adverse.

Cette plaidoirie primitive et naturelle nous prouve que ces plaideurs feraient de très-mauvais députés en France; car, chez nous, lorsqu'un orateur dit quelque chose qui ne plaît pas à ses adversaires, tous l'interrompent et parlent à la fois, comme des gens peu versés dans la civilité puérile et honnête. Mais les mœurs patriarcales n'ont pas encore pénétré au Corps législatif; il ne faut donc pas trouver extraordinaire si les débats de la Chambre sont plus tumultueux, s'ils ont moins de dignité que ceux dont les chênes de la Gallura sont témoins.

L'instruction du procès et les discussions terminées, les quatre vieillards se consultent, rappellent, par un coup de sifflet, l'accusateur et l'accusé, et rendent la sentence de coupable ou non coupable.

Dans le premier cas, la sentence déclare que l'accusé est soupçonné d'avoir commis le meurtre ou causé par ses maléfices la mort du défunt, et qu'il a vingt jours de liberté pendant lesquels on lui doit l'eau et le feu.

Durant ces vingt jours, personne ne peut lui nuire en quoi que ce soit. Il a le droit de demander la nourriture et l'hospitalité même à ses ennemis, qui ne la lui refusent jamais. Ce laps de temps une fois écoulé, s'il n'a pas quitté son village, il est bien sûr d'être tué par le premier parent du défunt qui le rencontrera; aussi profite-t-il de ce délai pour se sauver dans les montagnes et se mettre à l'abri des coups de ceux qui ont sur lui droit de vie et de mort par arrêt du tribunal populaire.

Si la sentence est favorable à l'inculpé, son accusateur lui touche aussitôt la main, les deux parties adverses boivent à la santé de l'un et de l'autre, et l'on se sépare plus amis que jamais.

La décision de ces quatre vieillards est sans appel; elle est acceptée par tous les ayant cause avec un respect religieux, et personne ne cherche à s'y soustraire en portant le procès devant les tribunaux réguliers.

Ce tribunal de famille semble érigé d'après le texte de la Bible, dans laquelle on trouve des détails sur les jugements des vieillards, identiques à ceux que je viens de donner. Rien n'est oublié : le choix des arbitres.... *et arbitri judicaverint* (Exod., XXI, 22); l'heure matinale du jugement.... *Judicate mane judicium* (Jér. XXI, 12); le chêne traditionnel et le répit donné au coupable.... *Cognatus occisi non poterit eum occidere* (Num. XXXV, 12). En réalité, tout cela est fort curieux et mérite bien la peine d'être étudié de près.

Je ne parlerai pas de l'habitude des Sardes de se réunir en foule chaque soir, au coucher du soleil, aux portes de la ville ou sur la place du village. Quoique fréquemment mentionnée par les livres saints, cette coutume était, en outre, très-répandue parmi les peuples orientaux de l'antiquité, et l'on en voit encore des traces parmi les nations méridionales modernes.

Les pasteurs de la Gallura, de l'Oleastra, de la Nura et de la Barbagia possèdent d'autres superstitions non moins anciennes que celle relative au chêne, et que je ne puis passer sous silence. Ils connaissent parfaitement les propriétés thérapeutiques d'une multitude de plantes. « La science des herbes » est héréditaire chez eux et dans bien des familles rustiques; elle se conserve par tradition, même parmi les femmes, dont beaucoup deviennent très-expertes dans l'art de guérir.

Comme autrefois, le charlatanisme et les rites superstitieux accompagnent presque toujours l'application des remèdes. Ainsi, dans certains districts, après avoir donné au malade les remèdes jugés nécessaires, une personne de la famille va secrètement à la maison d'une femme de mauvaise vie pour y prendre un peu de la terre qu'elle a touchée des pieds en marchant. Cette poignée de terre est ensuite posée sur la poitrine du malade, avec la conviction qu'elle doit le guérir.

Naturellement, il n'est pas à supposer que ces sortes de femmes soient considérées par les Sardes comme des saintes, ayant la faculté de faire des miracles; il faut donc rechercher dans cette superstition un vague souvenir, une tradition dénaturée des coutumes phéniciennes. En remontant dans le passé, je trouve en effet une explication de ce fait singulier.

La quantité d'idoles d'Astarte et d'Adonis trouvées en Sardaigne donne lieu de croire que l'île possédait de nombreuses prêtresses, appelées *kedeschoth* dans les saintes Écritures et *meretrices* par saint Jérôme. Ces femmes s'abandonnaient à toutes les abominations de la luxure et faisaient en même temps profession de guérir les maladies par le seul contact des mains. Les prêtresses de Tyr et de Sidon, vouées au culte de ces mêmes divinités, étaient les plus renommées par leurs turpitudes et leur art de guérir. Plus dévergondées étaient ces femmes et plus considérable était leur réputation.

De là vint, sans doute, la stupide croyance parmi le peuple sarde que les femmes impures avaient hérité des prêtresses du paganisme, avec le vice du mal, la vertu miraculeuse de guérir les infirmités corporelles.

Les amulettes sont pour les Sardes des remèdes préventifs, non-seulement contre les maladies, mais encore contre le malheur, la mauvaise chance et tous les accidents qui peuvent venir des hommes et des choses. Ces amulettes, nées du dualisme religieux des Phéniciens, sont tellement communes, qu'il est rare de voir un homme qui n'en ait pas une; on en attache même au cou des enfants.

Tout ce qui est double ou cornu est une amulette; quelques-unes consistent en une balle de fusil, une pièce de monnaie, une petite idole ou bien une médaille; d'autres se composent de sentences écrites ou de sortes d'hiéroglyphes tracés sur du papier et conservés dans un petit sac pendu au cou. Il y a des « malins » et des hommes de bonne foi qui en fabriquent et en vendent aux plus crédules. Voici sur ce sujet un fait qui me fut raconté par un témoin oculaire.

Un jeune étudiant de la Barbagia, allant de son village au séminaire, rencontra sur son chemin un chasseur, camarade d'enfance, qui lui dit en l'apercevant :

« Oh! mon cher Baïngiu, toi qui es lettré, écris-moi sur un morceau de papier quelque chose qui me donne de la chance à la chasse.

— Très-volontiers, tu sais que je n'ai rien à te refuser. »

Et le séminariste, pour se moquer du montagnard superstitieux, écrivit sur un morceau de papier les mots suivants :

« Prends ce que tu blesses. »

Le chasseur, enchanté d'une aussi précieuse amulette, retourne chez lui, prend son fusil et part pour

la chasse. Au bout de quelques jours, Baïngiu entend frapper à sa porte; il ouvre et voit son ancien
camarade portant sur son dos un énorme sanglier
qu'il dépose à terre; puis, se jetant au cou du séminariste, il l'embrasse.

« Oh! Baïngiu, mon ami, lui dit-il, accepte ce
sanglier comme preuve de ma gratitude, car je
reconnais que, par la vertu de l'écrit que tu m'as
donné, je n'ai jamais été aussi heureux de ma vie à
la chasse. Grâce à toi, en quinze coups j'ai tué huit
sangliers, trois cerfs et quatre daims; et cela malgré
la distance et les broussailles, qui rendaient le tir
difficile et la mort du gibier impossible. Je t'en prie,
Baïngiu, fais-moi un autre écrit pour mon fils, et le
premier chevreuil qu'il tuera sera pour toi. »

Cette confiance aveugle dans les amulettes écrites
trouve pareillement son explication dans les erreurs
populaires des nations orientales qui vivaient sous
le régime sacerdotal. Les prêtres, alors, n'étaient
pas uniquement considérés comme des sacrificateurs
et les ministres des dieux, mais on les regardait
aussi comme les dépositaires de la science divine
qu'ils enseignaient au peuple par la parole, et dont
ils consignaient les rites dans les temples par l'écriture sacrée. Les sciences occultes et les rites religieux
étaient conservés dans les sanctuaires au moyen
d'hiéroglyphes, de peintures symboliques, de caractères mnémoniques et autres que les prêtres seuls

pouvaient lire. On sait en outre que dans l'antiquité l'écriture était regardée, plus ou moins, comme divine, remplie de mystères, de qualités infinies et de vertus de toutes sortes. Il n'est donc pas étonnant que cette superstition se soit perpétuée d'une façon diffuse chez les Sardes, avec les autres des mêmes époques et de la même origine.

Chez eux, les idées les plus diaboliques se mêlent aux pratiques religieuses de la manière la plus grotesque et la plus insensée qu'on puisse imaginer. On en voit qui trempent leurs poignards dans l'eau bénite ou le signent de la croix avant d'aller le plonger dans le cœur d'un ennemi, pour ne pas le manquer. D'autres font des neuvaines à la Madone pour qu'elle dirige la balle qui doit tuer leur adversaire.

Près de Sassari, au milieu d'un bois d'oliviers, s'élève une petite chapelle dédiée à *Nostra Signora del Latte dolce* (Notre-Dame du Lait doux). Singulière dédicace, soit dit en passant. Les Sardes vont en pèlerinage à cette chapelle pour obtenir des faveurs, quelquefois naturelles, mais souvent des plus absurdes. Je me souviens qu'un bandit s'y rendit une fois du fond de la Sardaigne; il volait en route pour vivre; il faisait paître son cheval dans tous les champs d'orge, d'avoine ou de froment qu'il rencontrait; il fit, en un mot, des dégâts considérables sur son chemin, et le but de son pèlerinage était d'obtenir de la Madone la grâce de tuer un ennemi du premier coup de fusil qu'il lui tirerait.

Cette aberration du sens moral est en principe au fond de la nature humaine, et surtout des natures primitives. Quand l'homme ne trouve pas ou croit ne pas trouver sur terre la justice qu'il demande, il s'imagine que le ciel doit partager ses ressentiments, son indignation, et lui prêter son secours dans la justice qu'il croit se rendre à lui-même. Malheureusement, l'homme confond trop souvent ses droits avec ses passions; il écoute moins la voix de la conscience et de la raison que celle de son orgueil, de ses vices et de ses défauts, de sorte qu'il devient un juge trop partial quand sa personnalité est en jeu.

Du reste, toutes les superstitions des Sardes ne sont pas aussi dangereuses que celles que je viens d'esquisser; ils en ont de très-drôles. Celle de cracher contre les objets de mauvais augure est d'un naïf étonnant et vieille comme le monde. Voici sur cette coutume quelques détails puérils mais curieux.

Lorsqu'un enfant grince des dents, tourne les yeux, se roule à terre, tourmenté par des convulsions, la mère lui crache immédiatement au visage, puis lui fait le signe de la croix sur la figure. Si l'on admire un enfant avec beaucoup d'attention, le regard fixe, et qu'on le caresse en faisant ses éloges, aussitôt parti, la mère crache derrière le dos de l'imprudent flatteur et à la face de son fils.

Cette superstition semble exister aussi en Espagne, si l'on en croit le séduisant auteur des *Nouvelles Andalouses*, car dans : *Paz et Luz*, Fernand Caballero fait dire à Juana : « On ne doit jamais regarder un enfant sans le bénir.... On dit que cela fait mal à un enfant de le regarder longtemps pendant son sommeil. »

Quand les Sardes vont visiter un malade ils crachent à terre à l'entrée de la maison, ils en font autant avant de leur donner les remèdes. Les pasteurs crachent sur leurs brebis et sur leurs agneaux lorsqu'ils viennent de naître. Bien des cavaliers crachent trois fois dans la mangeoire de leurs chevaux, quand un passant s'amuse à les regarder dévorer l'orge ou l'avoine.

Cracher est pour le peuple ce que les « cornes » sont pour les Italiens en général, et les Napolitains en particulier, un moyen de chasser le mauvais sort, de prévenir ou de détruire les mauvaises influences. Les superstitions naissent et s'imposent ordinairement sans aucune sorte de logique ; il ne faut donc pas rechercher la cause et la raison de celle-ci. Je me contenterai de citer quelques passages des anciens livres qui constatent son antiquité.

Dans le livre de Job [1], comme dans celui d'Isaïe [2],

---

1. Abominantur me, et faciem meum conspuere non verentur. (Cap. XXX, 10.)

2. Faciem meam non averti ab increpantibus et conspuentibus in me. (Cap. L, 6.)

on voit qu'alors, comme aujourd'hui, cracher sur quelqu'un était une marque de mépris; mais dans le livre des Nombres, Dieu lui-même parle de cette action comme un signe de châtiment et de malédiction. C'était, en outre, d'après le Deutéronome, un signe d'exécration et d'imprécation: car il est dit que celui qui refuserait d'épouser la femme de son frère, mort sans enfant, serait conduit par elle à la porte de la ville où, devant les anciens du peuple, elle lui enlèverait ses sandales et lui cracherait au visage, en disant : « Ainsi soit fait à l'homme qui n'édifie pas la maison de son frère. » (Deut. xxxv, 9.)

Les Cananéens, les Égyptiens, les Étrusques et les Grecs, comme bien d'autres peuples encore, avaient ce même symbole du mépris et de l'exécration. Lucien, dans son *Oracle des morts*, en parlant du mage babylonien Mitrobarzane dit : « Après cet enchantement, il me cracha trois fois en face, se tourna par derrière, ne regardant personne, etc. » Les Sardes ne sont donc pas ridicules d'avoir hérité de ces drolatiques superstitions dont ils ignorent l'origine et la signification. Ils les subissent, comme leurs pères les ont subies; elles sont tellement ancrées dans leurs mœurs qu'il serait très-difficile de les déraciner, lors même qu'on ne les laisserait pas se développer à leur aise, personne ne prenant la tâche de les détruire.

IX

Médecins et médecines. — Les « acheveuses » de malades. — Les rites nocturnes et les trois femmes. — Anecdote indienne. — Le sacrifice de la poule. — Diablerie de la « Treizaine de saint Antoine du Feu. » — Le passage par le feu et la manière de rôtir des enfants.

Les anciens croyaient les médecines inventées par les dieux, et dans leur préparation ils ajoutaient toujours quelques obsécrations aux divinités; les Sardes mêlent à leur composition quelques rites religieux. Autrefois, les médecins étaient considérés comme des êtres presque sacrés; aujourd'hui, moins de vénération s'attache à leur personne : néanmoins, en Sardaigne, les emplâtres, les baumes et les breuvages confectionnés avec des simples par certaines familles rustiques, inspirent une confiance aveugle que ne possèdent pas les drogues des médecins en habit noir.

Dans la Bible, la première fois qu'on entend parler de médecin, c'est à la mort de Jacob, lorsque Joseph leur confie le corps de son père pour l'embaumer suivant l'usage égyptien. Du temps des patriarches, on ne connaissait guère les médecins ni les drogues composées; tout le monde arrivait pourtant à une longue vieillesse et mourait tranquillement sans infirmité.

Si les docteurs montagnards de la vieille Ichnusa font de la thérapeutie à la mode phénicienne, c'est à cause de ce vieux dualisme religieux de leurs ancêtres dont la tradition s'est infusée dans le sang et qui déteint sur toutes leurs actions : de même que dans la composition de leurs médecines; l'application des remèdes est toujours précédée ou suivie de quelques brins de prière et de rites superstitieux.

Je ne me rappelle pas si, dans un des volumes que j'ai publié sur le Mexique, je dis que parmi certains Indiens de la partie méridionale de ce malheureux et riche pays, un malade administré par un prêtre était un homme mort. Une fois l'extrême-onction reçue le patient devait mourir, sans doute pour rester en état de grâce; si la maladie prolongeait trop longtemps les souffrances du moribond, on le faisait charitablement passer de vie à trépas en l'étouffant.

En Sardaigne, je ne puis certifier que cette coutume soit encore en vigueur, mais elle existait, au moins jusqu'à la fin du siècle dernier, comme elle existe de nos jours dans la Nouvelle-Hollande et plusieurs îles de l'Océanie. On l'a nié, je le sais, mais comme il n'y a guère de fumée sans feu, je crois que les récits suivants qui m'ont été faits maintes fois sont fondés sur quelque chose de vrai.

Après avoir soigné leurs malades avec tout le dévouement possible, les Sardes ne pouvaient voir d'un œil résigné se prolonger indéfiniment les tortures de l'agonie, et, pour les faire finir plus tôt, ils avaient recours au ministère des *sas accabadoras*, — les acheveuses, — qui les achevaient en les étouffant.

L'histoire suivante, sur les acheveuses, fut racontée par une dame à un vieux prêtre de l'université de Sassari que j'ai connu lorsque j'étudiais à cette université.

« Dans ma jeunesse, lui dit cette dame, ma grand'mère me raconta qu'à l'âge de dix-huit ans elle tomba gravement malade. Le curé de la paroisse vint lui donner l'extrême-onction, et quand il eut fini, il se tint auprès de son lit pour la consoler et l'aider à mourir chrétiennement. En ce moment une personne entra dans sa chambre, et par la porte ouverte elle vit l'*accabadora* dans l'anti-chambre qui attendait d'être appelée pour abréger les souffrances de la jeune fille. A cette vue, la malade éprouva une telle terreur qu'elle en prit une crise, suivie d'une abondante transpiration qui la guérit presque subitement. »

Je passe d'autres faits de même nature qui prouvent également le danger qu'il y avait en Sardaigne de tomber malade. Entre les médecins et les « acheveuses, » la vie d'un homme était fort compromise. C'est pareillement au dualisme phénicien qu'il faut faire remonter l'origine des obsécrations des Sardes sur les malades. Ces conjurations ont été christianisées, il est vrai, mais si les prières sont plus ou moins chrétiennes les rites ont une teinte de paganisme très-prononcée.

Voici la traduction libre d'une de leurs prières pour chasser des malades les douleurs qu'ils appellent *sas carrisegadas.*

« Sainte Anne et sainte Marthe [1], qui allaient et vont toujours ensemble, comme vous coupez ce fil, et comme, coupé, vous le rattachez, ainsi guérissez les chairs malades de cette créature. »

En outre, une ou plusieurs femmes vont, après minuit, allumer des cierges dans un lieu désert, et font des prières. Souvent aussi, trois femmes, une vieille, une jeune et une vierge, vont à un carrefour,

1. Sant' Anna e Santa Marta, in pari sempre andanta, in pari sempre andenti, in pari liganta. in pari lighenti. e su filo seghenti. e in pari l'aggiungenti. comenti s'aggiungidi. sa cacci da questa creatura.

se déchaussent, font à terre des cercles et des croix de saint André, c'est-à-dire des X, avec du charbon et font des obsécrations aux âmes des défunts morts de mort violente. Puis, elles terminent chaque prière par trois invocations, en criant en cadence : — « *Tres impicaus, tres anegaus, tres mortus mali.* — Trois pendus, trois noyés, trois morts de male-mort. »

La tradition orientale est surtout évidente dans les cas de convulsion, d'épilepsie et de mal caduc, tenus pour obsession d'un mauvais esprit, et conjurés par des sacrifices expiatoires aux mânes des trépassés. A force de paroles mystiques et de rites nocturnes, les esprits irrités finissent par s'apaiser, caressent le malade et le guérissent, ou bien se troublent, s'épouvantent et s'enfuient. Ce serait peut-être plus logique de croire que la nature et les remèdes finissent par opérer la guérison, mais parler raison aux classes ignorantes et superstitieuses c'est perdre son temps.

Cela me rappelle qu'une fois je faillis être dévoré par un sauvage, pour avoir donné une explication naturelle au fait suivant.

J'arrivai dans une tribu du haut Missouri qui souffrait du manque d'eau, voyait sa récolte de maïs sécher sur pied et faisait à sa manière des obsécrations pour faire pleuvoir. Depuis trois mois, il n'était pas tombé une seule goutte de pluie ; depuis quinze jours, chaque guerrier montait l'un après l'autre sur le sommet d'un monticule près du village, priait le Grand-Esprit d'ouvrir ses réservoirs célestes, lui montrait son « sac-de-médecine, » l'amulette inséparable du Peau-Rouge, et lançait une flèche en l'air pour percer un nuage absent.

Un vieux guerrier, plus rusé que les autres, s'était réservé pour faire le dernier ses obsécrations. Quand vint son tour, le ciel avait fini par se couvrir de gros nuages; l'Indien resta longtemps sur la colline, fit des contorsions épouvantables, des gestes effrénés, et ne lança sa flèche qu'au moment où les nuages se déchiraient. Peu de temps après, la pluie tomba par torrents, et tous les Indiens reconnurent l'excellence de l'amulette du vieux guerrier.

J'eus la malheureuse idée de leur dire que cette cérémonie ne commençant qu'après une longue sécheresse et devant durer jusqu'à la première pluie, il n'y avait rien de surnaturel dans le fait; la pluie devant nécessairement tomber tôt ou tard. Si je n'avais pas été « capitaine de la prière, » mon explication m'aurait immédiatement valu les honneurs de la torture et du scalp. Les superstitions populaires sont une maladie morale qui doit être traitée avec beaucoup de ménagement, je m'en suis souvent aperçu.

En Sardaigne, quand les parents d'un malade veulent conjurer le prétendu mauvais esprit qui le tourmente, ils choisissent une nuit très-obscure et vont creuser une petite fosse près du cimetière. Ils entourent cette fosse d'un ou de plusieurs cercles de brins de paille ou de petits morceaux de bois placés en croix; ils y jettent dedans trois grains d'encens et trois morceaux de sel; puis, ils sacrifient une poule noire. Tandis que le sang coule, ils murmurent les paroles suivantes : — *Adonay-arabonas-eloim-jerablem-joda-dalzaphios-abroz-carabiel-hannon-balaïm-amen*, qui paraissent hébraïques et que personne ne comprend.

Ils se font ensuite cinq signes de croix sur le front, les yeux, la gorge et les paumes de la main. Le sang de la poule ayant cessé de couler, elle est enterrée, après plusieurs autres cérémonies, la tête en bas, et la fosse est recouverte d'une grande pierre. Alors, tournant le dos à la pierre, ils crachent aux quatre vents et rentrent chez le malade sans proférer un mot.

Ce sacrifice de la poule est très-commun parmi les Zapotèques de Oaxaca et d'autres peuplades mexicaines. Chez eux, quand un prêtre vient donner l'extrème-onction à un malade, le maître où la maîtresse de maison étouffent une poule qu'ils tiennent cachée sous leur bras. Sur les cylindres babyloniens et persans, dans les peintures étrusques et sur beaucoup de tombeaux anciens, on retrouve pareillement cette poule comme consacrée au dieu méchant, rival du dieu bon. Ce que je dirai plus loin sur l'œuf, principe de la vie, peut expliquer le sacrifice de la poule au point de vue du paganisme. La poule, mère de l'œuf, sacrifiée pour conserver la vie des malades, n'est-elle pas l'objet d'une étude philosophique d'un grand intérêt?

Dans mon *Journal d'un missionnaire au Texas et au Mexique*[1], je donne sur la secte des « Vandoux » des détails peu connus et qui me reviennent à l'esprit, en pensant aux rites anciens des Sardes. On sait que les Vandoux connaissent des plantes au moyen desquelles ils envoient des maladies morales, physiques et même la mort à leurs ennemis; on sait aussi que les nègres et les créoles, pour se garantir des maléfices des Vandoux, mettent des vases remplis d'eau sur le seuil de leur porte. Je retrouve cette même coutume, en Sardaigne, dans la « treizaine de saint Antoine du feu, » imprécation diabolique, en usage chez les Sardes, lorsqu'ils supposent que la maladie d'un de leurs parents est causée par les maléfices d'un ennemi.

C'est au renouvellement de la lune que doit commencer cette cérémonie. Au fond de la chambre la plus reculée de la maison, celui qui fait cette imprécation cloue contre le mur une image de saint Antoine avec son petit cochon. Il la baise et murmure quelques prières à chacun des quatre clous plantés

---

1. Un vol. in-8. Paris. Gaume frères, rue Cassette.

pour fixer l'image du saint contre la muraille. Devant elle, il met un plat neuf rempli d'eau trouble et noirâtre, sept grains de sel, un peu de feu de charbon de bois, treize chandelles et une lampe à treize mèches.

Ces préparatifs terminés, chacun des treize jours, il allume une chandelle et une mèche de la lampe avec la flamme du charbon, sur lequel il souffle pour le faire petiller. Il est à jeun et se met en oraison au lever du soleil, les pieds déchaussés et la tête recouverte d'un voile noir. Le visage tourné du côté de saint Antoine, il lui raconte, comme à un vieil ami, tous les ennuis qui lui sont survenus par la méchanceté de son ennemi. Il détaille les souffrances du moribond, les ravages causés par la maladie, et le supplie de forcer l'auteur de tant de maux à se repentir et à venir réparer tout le mal qu'il a fait.

Après cela, il lui fait la prière suivante, que je traduis comme un des monuments les plus curieux de la douceur et de la charité chrétienne :

« Oh! glorieux saint Antoine, grand père, petit père, grand capitaine du désert, enchaîneur des dragons, dominateur suprême de tous les reptiles, par votre admirable vision des treize feux, soufflez-les, attisez-les pour en envelopper mon ennemi comme dans une toile cruelle.

« Que leurs flammes dévorantes soient comme

celles qui tombèrent sur Sodome et Gomorrhe; qu'elles soient mordantes pour lui comme celles qui sortirent des abîmes et mirent en cendre Datan et Abiron.

« Que chacun de ces treize feux ait l'intensité de ceux de l'enfer et, réunis en un seul, qu'ils tombent. sur la tête de cet homme, qu'ils pénètrent dans sa chair et ses os, dans son sang et ses entrailles, dans ses nerfs et ses jointures.

« Qu'ils lui prennent la langue pour qu'il ne parle plus, les oreilles afin qu'il n'entende plus, les yeux pour qu'il ne voie plus.

« Que le cœur lui brûle sans cesse; que la faim, la soif, les angoisses, la fureur, la rage, les douleurs les plus grandes, le torturent sans relâche.

« Qu'il sente la mort sans pouvoir mourir; qu'il n'ait jamais un moment de calme et de repos, ni lui, ni sa famille.

« Qu'il soit ruiné par le feu, trahi par sa femme, maudit par ses enfants, abandonné par ses amis.

« Qu'il ne trouve pas d'avocat pour le défendre, de justice dans les tribunaux, de protection dans les lois.

« Que ses moissons soient brûlées, ses arbres sans fruits, ses citernes sans eau.

« Que son vin devienne aigre, son huile rance; que ses vêtements se pourrissent et que les poutres de son toit lui tombent sur le dos.

« Périssent ses chevaux, ses juments, ses bœufs, ses vaches et ses taureaux ; que la peste emporte ses chèvres, ses moutons, ses brebis et ses agneaux.

« Mon bien cher saint Antoine ! faites que vos feux lui sèchent le sang dans les veines, lui rôtissent la cervelle, le foie et les intestins ; que l'air manque à ses poumons, l'eau à sa soif, le pain à sa faim.

« Que ses parents meurent avec lui, et que sa mémoire soit éteinte. »

On voit qu'il n'oublie rien dans sa prière et dans ses souhaits, et, par égard pour la mémoire de son cher saint Antoine, il entre dans des détails qui doivent le toucher. Si, dans ce moment, l'auteur du prétendu maléfice passait devant la maison de ce charitable chrétien, il est probable qu'il n'irait pas loin. Mais ce n'est pas tout.

Après ces jolies petites imprécations, le brave homme éteint une chandelle en la plongeant dans le plat d'eau trouble.

« Ainsi s'éteigne la vie de mon ennemi, » dit-il, en la retirant.

« Que le cœur de mon ennemi crève de la sorte, » ajoute-t-il, en jetant sur les charbons allumés les sept grains de sel, qui craquent au contact du feu.

Enfin, il répand l'eau du plat sur le feu, et, tandis que la vapeur s'élève dans la chambre, il crie ces mots :

« Ainsi s'éteignent la chaleur de son sang, le

mouvement de ses membres, et que son âme s'é-
chappe en rugissant, s'il ne répare pas le mal qu'il a
fait à ma maison. »

Cette gentille cérémonie dure treize jours, et si
saint Antoine ne se bouche pas les oreilles pendant
ce temps, il a de la patience de reste ; car les imprécations, que nous lisons dans le cent huitième
psaume de David, sont modérées en comparaison de
celles des Sardes.

L'Écriture sainte nous apprend que ces sortes de
malédictions étaient assez communes en Orient. Sans
parler de Balac, roi de Moab, qui priait Balaam, devin
des Ammonites, de jeter des malédictions sur l'armée
israélite (Lib. Num. xxvi), on sait que les Hébreux
avaient eux-mêmes le sacrifice *zelotypiæ*, pendant
lequel l'époux outragé prononçait par le prêtre
d'horribles malédictions sur l'épouse adultère. (Lib.
Num. v.)

Parmi les usages superstitieux que les évêques,
en Sardaigne, ont essayé de détruire, je dois citer
en premier les cérémonies funèbres païennes de
l'*attito*, dont je parlerai dans un autre chapitre, et
celles du « passage par le feu, » qui rappelle le
transferre per ignem de l'ancien culte de Moloch. Hélas ! les évêques ont prêché dans le désert, et les
cérémonies n'avaient pas l'air, lors de mon dernier voyage, de vouloir disparaître de sitôt des
mœurs sardes.

Nos feux de Saint-Jean, allumés encore chaque année en France, en Italie, en Espagne et dans bien d'autres pays, me paraissant provenir des rites anciens célébrés à propos des fêtes d'Adonis et du « passage par le feu » des ammonites, je crois utile de dire ici quelques mots sur cette coutume antique.

On sait que Moloch avait un goût particulier pour les vierges et les enfants rôtis. Ce dieu, quoique essentiellement ammonite, avait des sosies depuis Carthage jusqu'en Perse. En fait de religion, il est à remarquer que les hommes se copient beaucoup et qu'ils inventent fort peu.

Les ammonites avaient deux manières d'honorer et d'apaiser cette monstrueuse divinité. Ils l'honoraient en « initiant » à ses mystères leurs fils et leurs filles, c'est-à-dire en les faisant passer à travers les flammes de grands feux allumés devant son idole; c'est ce que le prophète Jérémie appelle *initiare filios et filias Moloch* (cap. xxxii, 35). On apaisait ce dieu barbare en lui sacrifiant en holocauste des enfants qu'on faisait brûler vivants. Jérémie le dit en toutes lettres : — « Et ils ont bâti en haut lieu à Baal, pour brûler au feu leurs fils et leurs filles et en faire des holocaustes, etc. » (cap xix, 5). Cette barbarie est anathématisée par Dieu de la manière suivante : — « Tu diras aux enfants d'Israël : Quiconque des enfants d'Israël ou des étrangers qui demeurent en Israël donnera de ses enfants à Moloch,

sera puni de mort; le peuple du pays le lapidera. »
(Lev. XX, 2).

Je crois que ce culte aurait eu moins de succès et
d'adeptes, si l'on avait obligé les père et mère de se
brûler à la place de leurs enfants, quand ils voulaient sacrifier à Moloch. Cette innovation eût été,
sans doute, mal accueillie, surtout dans une région
où les enfants pullulent.

Le passage par le feu se faisait, — selon certains
savants qui savent tout, — en faisant passer l'enfant
entre l'intervalle de deux feux placés l'un près de
l'autre. Selon d'autres, — non moins savants que les
premiers, — l'enfant était assis sur une grille, pen-
due par deux chaînes au plafond du temple, puis
lancé à travers les flammes. Serait-ce cette grille
qui aurait, par hasard, donné l'idée de l'escarpo-
lette? Une troisième catégorie de savants — encore
plus forts que les précédents, — affirment que les
enfants sautaient des bras d'un prêtre dans ceux
d'un autre prêtre, en passant par les flammes d'un
feu allumé entre les deux ministres du dieu Moloch.
La dernière catégorie des écrivains qui se sont occupés de ces antiquailles historiques assure que l'on
ne sait pas du tout comment s'effectuait ce passage
par le feu. C'est aussi mon opinion.

La manière de rôtir ces malheureuses petites
créatures est également controversée; mais comme
en Sardaigne on ne les rôtit pas plus que dans les

contrées où les feux de Saint-Jean existent encore, je passe la controverse sous silence.

Eusèbe, qui nous fait une description minutieuse du Moloch des Phéniciens, nous assure que l'enfant était assis ou couché dans les mains ouvertes de l'idole en bronze et chauffée à l'intérieur ; dès que la chaleur du métal commençait à faire souffrir le pauvre enfant, il criait et se remuait jusqu'à ce qu'un de ses mouvements le fît tomber dans un brasier ardent qui se trouvait au pied de la statue, et dans lequel le corps se consumait promptement.

Plusieurs petites copies de cette idole, — décrite par Eusèbe, — ont été découvertes en Sardaigne, ce qui donne lieu de croire que le culte du Moloch phénicien était en vigueur parmi les Sardes. De cet horrible culte ils ont conservé les initiations au feu, sans se douter le moins du monde de leur origine.

A l'arrivée du printemps, ils allument de grands feux sur les places et les carrefours des villages, et lorsque la flamme est à son plus haut degré de développement, les enfants la sautent à pieds joints, comme je l'ai vu faire, à la Saint-Jean, dans la Catalogne et le midi de la France. Les accidents ne sont pas rares pendant ces sortes de réjouissances, et plus d'un enfant y a trouvé la mort en tombant dans le feu. C'est pourquoi les évêques, en Sardaigne, ont maintes fois tonné contre cette dangereuse coutume.

X

Province et ville d'Alghero. — Ordonnances des rois d'Aragon. —
Lettre et visite de Charles-Quint. — Porto-Conte. — Grotte de
Neptune du cap Della Caccia. — Merveilles de la grotte.

A vingt-quatre kilomètres sud-ouest de Sassari
s'élève, sur les bords de la mer, la petite ville
d'Alghero, longtemps le siége du pouvoir des rois
d'Aragon. Peuplée de colons catalans qui léguèrent
à leurs descendants l'idiome national qu'ils parlent
encore aujourd'hui, la ville, favorisée par ses souverains de priviléges exceptionnels, fut autrefois rivale heureuse de Sassari. Elle est entourée de
champs et de collines très-fertiles; ses environs
sont assez bien cultivés; la vigne, les orangers, les
oliviers, les céréales et le jardinage y poussent avec
une vigueur phénoménale. La province est riche, et
la ville a conservé son caractère espagnol peut-être

plus religieusement que toute autre ville de la Sardaigne.

Maintenant Alghero est reliée à Sassari par une grande route ; le trajet d'un endroit à l'autre se fait en omnibus. Lors de mon premier voyage, le cheval était l'unique moyen de communication entre les deux localités, et ce moyen manquait de charmes. car on entrait dans un vrai désert sans ombre et sans chemin, aussitôt après avoir quitté les oliviers de Sassari. Je me rappelle surtout de deux petites rivières, jadis franchies par un pont romain, dont j'admirais les ruines, que j'ai souvent traversé avec inquiétude, lorsqu'elles étaient gonflées par les pluies. Aujourd'hui comme alors, sur l'une et l'autre route, le paysage, en certains endroits, est très-intéressant et même pittoresque ; mais, en général, il est monotone et somnifère, malgré de belles perspectives qui s'offrent à la vue de temps à autre.

Alghero fut bâtie, je crois, dans le douzième siècle ; depuis, elle a été fortifiée par des murailles épaisses, des bastions et six grosses tours appelées : — Montalbano, dello Sperone, di San Giacomo, del Molo, della Maddalena et di Porta-Terra, — qui portent encore les armes de la maison d'Aragon.

En consultant les archives de la ville, on voit que la municipalité fit de grandes dépenses pour la construction et l'armement de cette vieille forteresse.

Par une ordonnance du 20 mars 1364, donnée à Barcelone, le roi don Pedro d'Aragon ordonna que la quatrième partie des revenus de la douane civile d'Alghero fût, pendant dix ans, destinée à la construction des ouvrages relatifs aux fortifications de la ville.

En 1370, le même roi don Pedro, prenant en considération le peu de ressources que la municipalité, avait en son pouvoir, exonéra la ville d'Alghero pendant cinq ans du cens annuel qu'elle était obligée de payer au roi, mais à la condition qu'elle dépenserait annuellement : — mille sous alfonsins, — à la construction des fortifications. Sept années plus tard il fit de nouveaux décrets pour augmenter les défenses de la ville, principalement du côté de la mer, afin de protéger les habitants contre les invasions des pirates.

En 1529, la ville acheta, d'un certain Francesco Demoliga de Sicile, dix pièces d'artillerie, pour le prix de 4116 écus. Elle achetait en même temps pour 1600 écus d'or, payés à don Antonio Thomas Spinola de Gênes, des armes expédiées de Milan. Mais comme les canons et les escopettes ne sont pas dangereux quand on n'a pas de la poudre pour les charger, un conseil général tenu le 2 août 1536, résolut de vendre à don Bernard Simon gouverneur de la chancellerie royale du royaume, les terres voisines de Villeneuve et de Monteleone pour la somme de 2000 livres, « afin de pouvoir compléter la tour de la Maddalena et de faire l'acquisition de plusieurs tonneaux de poudre. »

Depuis que la Sardaigne est passée sous la domination de la maison de Savoie, l'État s'est chargé de l'entretien des fortifications d'Alghero, mais non sans avoir dépouillé la ville de ses anciens priviléges.

Cette ville ne contient que six mille habitants. Elle renferme une cathédrale assez belle, quoique petite, de nombreux couvents d'hommes et de femmes, et un hôpital dans lequel on meurt vite si l'on a de l'argent; on y meurt encore plus vite, si l'on est pauvre, faute de soin. Les deux ou trois personnes qui remplissent les fonctions d'infirmiers se rendent ordinairement de gré ou de force, héritières des défunts. On comprend qu'elles aient hâte de jouir de leur héritage si le malade laisse quelques écus après lui, où de se débarrasser des malheureux qui n'ont rien.

Alghero est également un petit port de mer d'un aspect tout à fait oriental et fréquenté seulement des pêcheurs de corail et par quelques navires de bas tonnage, faisant du commerce avec Marseille, Gênes, Livourne et Tunis. Chaque année il y vient de Naples environ deux cents barques de pêcheurs qui viennent pêcher le corail dans le voisinage des côtes et donnent une certaine animation à la ville qui leur sert d'entrepôt et de point de ravitaillement.

Les souvenirs historiques ne manquent pas à cette petite ville d'Alghero et parmi ceux que les habitants conservent avec le plus d'orgueil je dois citer celui de la visite que leur fit Charles-Quint, lors de sa malheureuse expédition d'Alger. Voici en quels termes les archives de la municipalité racontent l'arrivée de l'empereur. Le texte est en catalan, idiome parlé dans tout le diocèse d'Alghero et que j'ai traduit presque littéralement.

Après avoir quitté les Flandres, s'être rendu compte du progrès des luthériens et avoir vu le souverain Pontife à Lucques, l'empereur et la « Grande Armée » partirent en septembre 1541, de la Spezia avec quarante-trois galères. Arrivé au port de Bonifacio, Sa Majesté écrivit aux conseillers municipaux d'Alghero la lettre suivante qui leur fut remise par le noble seigneur don Diego Dessena, gouverneur et réformateur du cap de Loguduro. (On sait que l'île de Sardaigne est pour ainsi dire coupée par deux grandes divisions : — celle du sud appelée : — cap Cagliarese, et celle du nord nommée : — cap de Logudoro.) Voici la lettre traduite mot à mot du texte espagnol.

« A nos aimés et fidèles jurés de notre ville d'Alghero.

« LE ROI,

« Nos aimés et fidèles, nous sommes arrivés à cette heure au port Bonifacio et nous espérons, avec l'aide de Notre-Seigneur être bientôt dans la ville d'Alghero, et comme depuis notre départ de la Spezia, nous ignorons la direction qu'auront pris les vaisseaux de notre armée, partis avant nous, et que nous désirons en savoir des nouvelles, nous vous chargeons et commandons de vous en informer et de nous avertir aussitôt que vous aurez appris l'arrivée des navires qui viendront se réfugier auprès de vous, ainsi que de tout ce qui concerne notre armée. Vous donnerez également des ordres afin que dans cette ville les provisions ne manquent pas à notre maison et à notre cour. Nous nous confions dans votre diligence.

« Donnée du port de Bonifacio le 3 d'Octobre 1541.

« MOI LE ROI. »

Avec le gouverneur qui portait cette lettre arriva le viguier Miguel Olives. De concert avec les municipaux ils firent construire sur la mer un pont en bois très-large et très-grand pour que Charles-Quint pût aller plus facilement à terre. Ils préparèrent des provisions de pain blanc pour l'empereur et sa cour; ils commandèrent que chaque maison fût abondamment pourvue de pains, de poules, de coqs et de fruits, afin que tous les hommes de la flotte puissent en acheter à leur aise.

Les plus grands seigneurs de la ville et de la province partirent à cheval pour Porto-Conte, large golfe situé à l'entrée de la baie au fond de laquelle se trouve Alghero. C'était à Porto-Conte que la flotte devait se réunir. Les cavaliers portaient le costume de chasseurs et voulaient donner à Sa Majesté les plaisirs d'une chasse au sanglier.

Dans la nuit du 6 octobre les galères arrivèrent et le lendemain le gouverneur, accompagné de quatre chevaliers, se rendit à bord du navire de l'empereur. Dès que Sa Majesté fut éveillée on introduisit le gouverneur qui lui baisa les mains en son nom et en celui de la ville. Les chevaliers et d'autres seigneurs se présentèrent ensuite pour le baisement des mains. Après cette cérémonie, Charles-Quint descendit à terre, sans gardes, et suivi seulement du duc de Camerino, neveu du pape Paul III, du prince de Salmona, de don Luis Davila, commandeur d'Alcantarà, du prince de Macédoine et de l'ambassadeur d'Angleterre. Tous allèrent chasser et l'empereur tua de sa propre main un énorme sanglier. Il fit ensuite monter tout ce monde sur une galère et partit le 7 octobre pour Alghero éloigné de sept milles de Porto-Conte.

L'empereur débarqua au bout du pont construit sur la mer en son honneur. A la tête du pont, — tout recouvert de draps fins, — se trouvaient les armes d'Espagne et celles de la ville. L'artillerie des remparts se mit alors à saluer Charles-Quint;

celui-ci fit à son tour saluer la ville par les canons de sa galère, commandée par le prince André Doria.

Arrivé sur la place d'Alghero, l'empereur congédia ses gardes d'honneur en disant : — « Je n'en ai pas besoin, je suis chez moi. »

Il fut reçu par l'évêque, le clergé, les autorités civiles et militaires de l'endroit qui le conduisirent en procession à la cathédrale pour entendre chanter le *Te Deum*. Puis il visita la ville et vint se reposer dans la maison de don Pedro de Ferreral (aujourd'hui palais d'Albes), où l'attendaient le prince Doria et d'autres grands seigneurs.

Le lendemain, l'empereur arma chevaliers plusieurs citoyens de la ville, passa la revue des troupes, du haut d'une fenêtre, murée depuis par respect, et prenant congé de ses sujets il retourna à Porto-Conte. Le 9 octobre, le vent étant devenu très-bon, toute la flotte fit voile pour Majorque où elle devait se réunir pour se rendre à Alger.

Porto-Conte, dont je viens de parler, est un des ports naturels les plus vastes de la Méditerranée; trois flottes pourraient y trouver un ancrage commode et sûr. Le côté occidental du port se termine par le cap Della Caccia, énorme rocher vertical d'une prodigieuse hauteur. C'est dans ce rocher que se trouve la grotte de Neptune une des plus belles merveilles du monde. Je me rappellerai, toute ma vie, une visite que j'y fis, accompagné d'une trentaine de personnes.

Il était minuit quand nous mîmes à la voile en quittant le quai d'Alghero. Le ciel, sans nuage, resplendissait comme un ciel des tropiques; les myriades d'étoiles se reflétaient dans l'eau calme et phosphorescente de la mer. A bord on n'entendait que le bruit monotone des rames qui plongeaient régulièrement dans l'onde, le léger clapotement de l'eau qui frappait la proue de notre barque, et le battement de la voile qui, faute de brise, faisait de vains efforts pour se gonfler.

Bientôt la silhouette de la ville disparut à nos yeux dans l'ombre et l'éloignement. A l'horizon nous aperçûmes des lumières errantes comme des feux follets; c'étaient les feux des pêcheurs de corail dont les chaloupes voguaient au gré des caprices de la nature. Quand nous arrivâmes près des pêcheurs ils se mirent à nous chanter leur gracieuse et populaire chanson napolitaine :

> Jo ti voglio ben' assai
> E tu non pensi a me.

Les zéphyrs nous apportaient sur leurs ailes embaumées par les senteurs sauvages ces notes charmantes qui nous parvenaient pleines de fraîcheur et d'harmonie, avant d'aller se perdre dans les solitudes de l'immensité.

Nous arrivâmes au cap Della Caccia au lever de l'aurore et je me souviens d'avoir vu rarement un spectacle tout à la fois aussi imposant, aussi ravissant que celui qui s'offrit alors à nos regards. Les montagnes se coloraient de lueurs irisées et brillantes comme l'opale d'orient caressée par un rayon de soleil ; à mesure que se dissipaient les vagues transparences de l'aube, des nuages lumineux se dressaient dans l'espace et donnaient des nuances dorées, roses et lilas aux arbousiers, aux myrthes et aux chênes-liéges du rivage. Peu à peu le firmament s'embrasait des feux du soleil encore invisible ; les graviers de la grève prenaient les teintes des pierres fines ; la rosée du matin perlait de mille petits brillants les fleurs et la verdure, en certains endroits baignés par la mer ; les plantes agrestes exhalaient des parfums suaves ; la brise se mit à gémir doucement dans notre voile latine ; puis, vint le lever du soleil, le chant des oiseaux et toutes les rumeurs qui suivent le réveil de la nature !

Et pourtant ce pays n'est pas connu !

En longeant le cap nous aperçûmes des milliers de trous creusés par le temps et les tempêtes dans les anfractuosités inaccessibles de la montagne ; des aigles, des pigeons sauvages et des oiseaux marins en ont fait leur demeure et se reposent tranquilles, le soir, au-dessus des abîmes, sans craindre le fatal voisinage de l'homme. Après avoir contourné le cap on découvre immédiatement un renfoncement et un trou dans le roc: ce trou c'est l'entrée de la grotte de Neptune.

Cette entrée est tellement dangereuse qu'on ne peut y parvenir qu'au moyen d'une petite chaloupe et par une mer excessivement calme. La première salle est tapissée de stalactites d'une grande beauté et de différentes couleurs. Le côté gauche est perforé naturellement par des galeries gothiques et des ouvertures ogivales que la main d'un habile ouvrier n'aurait pas mieux découpées. Une goutte d'eau tombant de la voûte de la grotte, depuis des siècles, a formé une colonne concave au sommet, et contenant une eau douce et pure qui sert à désaltérer les oiseaux de la montagne. La base de cette colonne est baignée par l'onde cristalline d'un petit lac salé qui divise la grotte en deux parties. Au fond de ce lac, très-peu profond du reste, on aperçoit un sable brillant et bariolé, parsemé de débris de coraux et de coquillages.

A droite, sur un rocher verdâtre, s'élève un château du moyen âge en miniature et en ruines, avec des tourelles calcaires et des pignons de cristal. En voyant de tels objets on se demande comment la nature a pu créer seule, sans aucun secours humain, de telles merveilles? En voyant la seconde salle, toutes les théories de la géologie, des infiltrations et des pétrifications sont encore bien plus déroutées;

il n'est plus permis de chercher à deviner, il faut admirer et se taire.

La seconde salle de la grotte, située à l'extrémité du lac, est à moitié cachée par des colonnes à compartiments en choux-fleurs et des stalactites gigantesques colorées en vert, azur et jaune. Le capitaine d'une frégate anglaise, un jour que la mer houleuse ne permettait pas de s'approcher trop près du cap, détruisit, dans un moment de dépit, à coups de canon, deux stalagmites dont la grosseur indiquait qu'il avait fallu six mille ans au moins pour les façonner de la sorte.

Deux colonnes servent de portique à cette salle immense où s'élèvent, où sont entassées de tous côtés des merveilles impossibles, invraisemblables. Ici, ce sont des rideaux excessivement minces, dont quelques-uns sont déchirés, ont des accrocs et qui descendent du milieu des pendentifs de la voûte, d'arabesques de topaze, en plis gracieux; là, c'est un jeu d'orgue qui résonne, à la percussion comme une harpe éolienne; plus loin, c'est un autel de marbre sur lequel est placé une corbeille de fleurs exotiques. Partout on marche de surprise en surprise, de chef-d'œuvre en chef-d'œuvre. L'esprit confondu, en voyant une telle régularité dans les dessins, une telle perfection dans les formes, se refuse à ne pas voir dans ce palais féerique le doigt d'un génie qui aura voulu décorer cet antre éblouissant avec une magnificence surnaturelle pour en faire sa demeure.

On s'arrache à regret de ce monde extraordinaire pour rentrer dans le domaine de la réalité vulgaire, mesquine de la vie sociale. Comme l'homme paraît misérable à la sortie de ces grands spectacles de la nature! Comme il est douloureux de se concentrer en soi-même, quand on dédaigne de s'élever au-dessus de la foule par la triste satisfaction du mépris qu'on lui jette ou de s'abrutir en se mettant à son niveau! Le monde vaut-il réellement la peine qu'on se mette au-dessus de lui pour lui prouver la bassesse de ses instincts et la vénalité de ses désirs, ou qu'on se renferme dans cette sphère étroite dans laquelle il développe ses idées ridicules ou méchantes et ses lois infirmes? Ne vaut-il pas mieux marcher simplement dans le sentier tracé par la Providence, côtoyant la grande route, la tête haute pour admirer l'immensité, le regard et le cœur fixés sur tout ce qui est noble et beau, les yeux fermés sur la boue dans laquelle pataugent les multitudes, la main tendue généreusement pour relever celui qui tombe, et sans jamais oublier que tout homme doit être indulgent pour son semblable, s'il veut un jour trouver de l'indulgence auprès de son Créateur?

Ces pensées m'étaient suggérées par mes compagnons de voyage que je ne connaissais pas, que je n'avais pu voir pendant la nuit, que je n'avais pas songé à regarder pendant ma visite à la grotte de Neptune, et dont la vue et les propos, lors de notre retour au port d'Alghero, appelaient peu mes sympathies.

J'éprouve toujours des frissons désagréables quand je me vois entouré de ces êtres grossiers qui ne transportent leur commune personne hors de leur prosaïque habitation que par amour-propre ou désœuvrement. Ces gens inutiles et toujours ennuyeux ressemblent aux escargots; ils ne peuvent faire un pas sans emporter avec eux leur boutique morale, infect taudis, d'où rien de bon ne saurait sortir.

XI

Le troupeau du père Paolini. — Le curé reconnaissant. — Mgr Tola et le pauvre vieillard. — Le clergé sarde. — Les « mystères » du moyen âge. — La sainte Épiphanie. — La « cachucha » religieuse. — Histoire de trois génisses et d'une excommunication.

Une fois débarqué, je dus traverser, pour me rendre à mon logis, un énorme troupeau de bœufs et de vaches, dont l'arrivée causa une grande sensation dans la ville, à cause de l'histoire qui s'y rattachait et que je dois raconter ici, à titre d'études de mœurs.

Dans le village de Villanova-Monteleone, situé non loin d'Alghero, vivait le comte Maramaldo. Le noble comte avait un domestique du nom de Solaris, qui lui était très-dévoué et qu'il affectionnait beaucoup. Un jour le maître fit venir son domestique et lui dit :

« Solaris, mon ami, je me fais vieux, et comme tu es un fidèle serviteur qui m'a toujours parfaitement servi, je veux assurer ton avenir en te donnant un bon conseil.

— Donnez, mon noble maître, répondit le serviteur.

— Quand je serai mort tu te feras prêtre.

— Mais je n'ai pas d'argent pour vivre sans travailler, ni le temps d'étudier sans gagner de l'argent.

— Dans mon testament je te laisse une terre dont le produit suffira à payer les frais de ton instruction et de ton entrée dans le sacerdoce. Promets-moi de te faire prêtre et je mourrai tranquille. »

La promesse fut donnée, le comte mourut peu de temps après, et Solaris se mit immédiatement à étudier, non la théologie dont il s'inquiétait fort peu, mais l'alphabet qu'il ne connaissait pas du tout. Quand il sut lire et écrire, il voulut passer ses examens pour recevoir les ordres. Solaris n'était pas ambitieux; ses prétentions pourraient nous paraître extraordinaires, mais avec de l'argent et de la volonté on va rondement en Sardaigne. Notre prétendant au sacerdoce alla trouver un examinateur, le vieux don Juan Paolini, ancien professeur du célèbre écrivain, le baron Manno, et lui raconta ce qu'il désirait de lui.

Le père Paolini était un prêtre instruit, d'une

innocence baptismale et d'une simplicité enfantine qui lui faisait faire les choses les plus ridicules et les plus puériles. Doué d'un de ces caractères heureux et candide, doux reflet d'une âme virginale, d'une égalité d'humeur parfaite et d'une ingénuité comme on n'en voit pas, le père Paolini n'avait plus d'âge ; les plus anciens habitants de la ville lui avaient toujours connu les apparences d'un homme de soixante ans.

Quand il eut écouté la demande de Solaris, il lui répondit :

« Mon cher ami, je vais vous donner par écrit les questions que l'on vous fera et les réponses que vous ferez ; apprenez bien les unes et les autres, et vous serez certainement ordonné. »

Le postulant suivit de point en point les conseils du simple et trop complaisant examinateur. Son examen fut subi d'une manière triomphante, et peu de temps après la pauvre Église de Sardaigne comptait un prêtre de plus.

Solaris voulant témoigner sa reconnaissance au père don Juan Paolini, pour ses bons offices, lui fit présent de trois belles vaches ; mais celui-ci n'ayant aucun endroit pour les mettre, et ne sachant qu'en faire, pria son obligé de les lui garder pendant quelques mois, pour avoir le temps d'acheter une propriété, un champ quelconque, et de les y envoyer paître.

Hélas! des mois et même des années s'écoulèrent
avant que le signor Paolini pût réaliser assez d'argent pour se procurer le moindre petit domaine.
Peut-être aussi ne pensait-il plus à l'embarrassant
cadeau de Solaris, lorsque celui-ci vint à Alghero,
précisément le jour de notre visite à la grotte de
Neptune. Il précédait un magnifique troupeau de
bœufs, de vaches, de veaux et de génisses, qui encombraient toute la rue dans laquelle logeait le père
Paolini.

Arrivé sous les fenêtres de l'examinateur, Solaris
lui cria, d'une voix de stentor :

« Signor Paolini! signor Paolini!

— Qui m'appelle? répondit celui-ci en se mettant
à la fenêtre.

— C'est moi, Solaris. Je vous ramène vos vaches;
elles me ruinent, et je vous prie de les prendre, car
je ne puis plus les garder.

— Mais où sont-elles? reprit le bon vieillard en
regardant le troupeau.

— Comment, vous ne les voyez pas dans ce troupeau qui est leur progéniture et qui vous appartient,
par conséquent? Reprenez donc votre propriété, car
ma ferme est trop petite pour nourrir toutes ces
bêtes. Je ne puis les garder un jour de plus.

Puis, abandonnant dans la rue, bœufs, vaches,
veaux et génisses, Solaris retourna en toute hâte
dans son village, laissant le signor Paolini fort em-

barrassé de cette petite fortune, [et les habitants d'Alghero très-édifiés de cet acte de simple et généreuse probité.

Cette naïveté d'hommes ignorants, il est vrai, mais honnêtes, donne lieu souvent à des scènes touchantes qui rappellent l'âge d'or, où chaque homme voyait un frère dans son semblable, le temps heureux où les rois épousaient des bergères. On en pourra juger par le trait suivant qui me revient à l'esprit, et que je me hâte de raconter de crainte de l'oublier.

Mgr Tola, évêque de Bosa, était fils d'un pauvre berger; aussi, étant jeune, fut-il souvent obligé d'aller à la montagne chercher du bois pour le ménage de sa mère. D'un caractère doux et jovial, il plaisait de prime abord à tous ceux qui lui parlaient. Un riche seigneur de l'endroit, séduit par l'esprit du jeune berger, le prit chez lui, le fit instruire et l'envoya au séminaire de Cuglieri. Ses vertus et ses talents l'élevèrent bientôt au sacerdoce; il devint docteur en théologie, puis chanoine de Bosa, et enfin évêque de cette ville.

Chaque soir, il allait se promener avec son grand-vicaire et son secrétaire dans les environs de Bosa. Un soir, ayant atteint l'âge de quatre-vingt-dix ans, il rencontra, pendant une de ses promenades, un vieillard encore plus âgé que lui, qui ne pouvait réussir à se charger sur le dos un fagot de bois qu'il voulait emporter chez lui.

Mgr Tola prit aussitôt le fagot dans ses bras et se mit en devoir de le placer sur les épaules du vieillard, qui remercia le bon prélat dans les termes suivants :

« Merci, monseigneur; ce n'est pas la première fois que vous me rendez ce service; lorsque nous étions petits tous les deux, vous m'avez aidé bien souvent à transporter chez moi des fardeaux pareils à celui-ci; moi, de même, je vous ai bien des fois aidé à porter votre bois quand la charge était trop lourde pour vos épaules.

— Comment t'appelles-tu donc? demanda le vieil évêque.

— Je suis Francisco Spanno, votre ami d'enfance.

— Comment! c'est toi, mon ancien ami, que je retrouve aussi malheureux?

— Que voulez-vous? monseigneur; j'avais une nombreuse famille à nourrir, et quand mes enfants sont devenus grands, ils m'ont abandonné.

— Allons, Francisco, dit le prélat en embrassant le vieillard, laisse là ton fagot et viens avec moi. »

De retour à Bosa, Mgr Tola donna de l'argent et deux sacs de blé à son ami, puis il lui fit une pension qui mettait sa vieillesse à l'abri de tout besoin.

Puisque je viens de raconter deux histoires sur le clergé, je vais ajouter quelques lignes à ce sujet et dire quelques mots sur le christianisme de ce pays, qui ressemble beaucoup à celui de l'Espagne et de toutes les anciennes colonies espagnoles.

La facilité des ordinations, en Sardaigne, est une plaie hideuse dont on ne se préoccupe pas assez, et qui fait du sacerdoce, dans cette île, un indigne trafic, un métier pratiqué par une foule d'hommes d'une ignorance incroyable et d'une moralité plus que suspecte. A ce mal, déjà si grave, il s'en joint un autre, non moins déplorable, et trop répandu dans bien des provinces de l'Italie pour ne pas le signaler.

Les chefs de famille, qui n'ont pour toute fortune qu'une forte dose d'orgueil, n'aiment pas donner à leurs enfants un état manuel; ils veulent en faire des *signori*, ou au moins quelque chose de plus élevé que le rang d'ouvrier. Dans le pays du *dolce far niente*, l'ouvrier ne sera jamais estimé, considéré. Ces chefs de famille destinent donc, par amour-propre, leurs enfants aux carrières libérales, à la médecine, à la magistrature, au barreau, au sacerdoce; mais ceux qui sont trop pauvres pour subvenir aux frais des études condamnent en masse leurs enfants à devenir prêtres ou religieux.

A cette situation l'on doit la multitude des couvents italiens et les abus dont gémissaient les personnes sincèrement religieuses, et qui servaient d'arme perfide entre les mains des ultra-philosophes contre la religion. La suppression des couvents a dû modifier profondément cette situation; mais, lors de mon premier voyage en Sardaigne, j'ai vu de pauvres jeunes gens et des jeunes filles sans vocation, sans aptitude et contre leur volonté, forcés par leurs parents à s'interner dans des communautés. A Alghero, j'ai connu une famille composée de quatorze personnes dont onze enfants furent de la sorte envoyés dans des couvents.

De tels sujets doivent naturellement faire de mauvais religieux. Leur fâcheuse influence sur les mœurs du pays est fort triste; elle est pourtant moins désastreuse qu'on ne devrait s'y attendre. Les populations savent que ces malheureux sont victimes de l'infernal orgueil de leurs parents, et qu'ils sont plus à plaindre qu'à blâmer; on leur en tient compte. Pourvu qu'ils puissent donner les sacrements, assister aux processions et faire le panégyrique du patron de la paroisse, c'est tout ce qu'on leur demande.

Néanmoins, il faut le reconnaître, parmi cette multitude d'intrus qui rendent l'Église de Sardaigne si pénible à voir, il se trouve des prêtres et des religieux selon le cœur de Dieu, remplis de foi, zélés et d'une conduite vraiment édifiante. On en rencontre également qui ne sont qu'ignorants et bons, comme le démontre l'histoire du P. Solaris; ceux-là font beaucoup plus de bien que de mal parmi les brebis dont ils sont les pasteurs.

Les cérémonies religieuses sont tellement passées

dans les mœurs du peuple sarde que la religion ex-
térieure lui est devenue aussi nécessaire que l'air
qu'il respire. En apparence, il est très-religieux;
mais une religion, sans être accompagnée d'une
pompe théâtrale, produirait peu d'effet sur lui. Les
populations orientales ou méridionales ignorantes
aiment les spectacles qui frappent leurs sens. Il ré-
sulte de ce sentiment caractéristique que l'esprit
n'étant pas éclairé et le cœur réchauffé par les prin-
cipes évangéliques, la religion reste à la surface et
n'améliore pas les individus.

L'Espagne aura longtemps à se reprocher d'avoir
fait dévoyer la conscience des peuples qu'elle a do-
minés, en ne les instruisant pas assez de leurs devoirs religieux et donnant beaucoup trop d'importance au culte extérieur.

Parmi les cérémonies qui prêtent le plus à la critique, celles de la semaine sainte ont en Sardaigne la
palme. A cette époque, j'ai vu à Alghero une répéti-
tion des anciens *mystères* du moyen âge. Le crucifie-
ment de Notre-Seigneur, le vendredi saint, m'a
surtout frappé par l'impression qu'il produisait sur
la foule qu'un pareil drame venait émouvoir chaque
année.

Le jour du vendredi saint, dans l'après-midi, on
transporte en procession, à la cathédrale, une
énorme croix sur laquelle est élevé un Christ arti-
culé en bois peint et de grandeur naturelle. Cette

croix est plantée dans le chœur de l'église, en face du maître-autel; elle est gardée par des hommes soi-disant habillés en Juifs et en Romains.

Un prêtre monte en chaire, prêche la Passion, puis il détaille, dans un style imagé, la fin de ce déicide et la sépulture de Jésus dans le tombeau. Pendant ce discours, deux Juifs appliquent des échelles contre la croix et déclouent, à mesure que le prédicateur le leur ordonne, un bras, puis l'autre, et enfin les pieds; ce qui se fait au milieu des pleurs de l'assemblée. Après la cérémonie, le Christ est mis dans une châsse et promené la nuit, par une procession aux flambeaux, dans toute la ville.

J'ai revu au Mexique à peu près toutes ces étranges représentations mystiques qui m'avaient tant attristé en Sardaigne. Le cœur souffre, en effet, quand il voit la religion servir à de grotesques spectacles qui frappent les sens d'un peuple naïf, mais ne le rendent ni plus croyant, ni plus moral. En plein dix-neuvième siècle, l'Espagne continue ce système déplorable; le jour de l'Épiphanie, des hommes vêtus en bergers dansent encore dans bien des églises, tandis que les trois rois font leur offrande à l'Enfant-Jésus. C'est peut-être touchant et poétique, mais ce n'est ni digne, ni convenable.

Ceci me fait souvenir de quelque chose d'à peu près semblable dont un de mes amis fut témoin en Abyssinie et d'un commencement de sermon qui mériterait de passer à la postérité comme type oratoire de l'intelligence et de la science en matière religieuse.

« Mes chers frères, disait un prêtre abyssinien à ses ouailles, c'est aujourd'hui la fête de la sainte Épiphanie, vierge et martyre, mère des trois rois!!! Les voilà qui viennent au temple apporter leurs offrandes. Voyez ce beau vieillard, à la longue barbe blanche, il apporte l'encens qu'on adresse à Dieu. Voyez le roi Gaspar, avec son vase rempli de myrrhe, emblème du sacerdoce du Dieu enfant. Voici Melchior, maintenant, qui vient offrir son tribut, c'est-à-dire de l'or, au fils du roi David.... »

A ce qu'il paraît, Melchior avait oublié son offrande ou n'avait pas d'argent à mettre dans le plat qui se trouvait devant l'Enfant-Jésus, car le prédicateur, l'apercevant avec les mains vides, s'écria tout à coup :

« Voyez-vous ce grand moricaud, qui n'apporte rien du tout : Dieu, pour le punir, l'a rendu noir comme du charbon. Malheur à ceux qui ne payeront pas leur tribut au Roi des rois. »

Je n'ai pas besoin de relever les quatre énormités de la première phrase de ce sermon ; en Abyssinie, on peut ignorer que l'Épiphanie est une fête et non une femme, encore moins une martyre, et que, si c'était une vierge, elle pouvait difficilement devenir mère de trois rois et rester vierge ; mais, en Espagne, on ne doit pas ignorer que les représentations mystiques du moyen âge ne sont pas compatibles avec l'instruction religieuse nécessitée de nos jours par le progrès des lumières. Pourtant, chaque année, on revoit encore, dans la cathédrale de Séville, la célèbre danse des Six.

On se rappelle, je ne sais plus dans quelle année, qu'un jour de la Fête-Dieu, si je ne me trompe, les Maures entrèrent à Séville au moment où les fidèles étaient réunis dans les églises pour entendre la grand'messe. Une bande de ces soldats ayant voulu pénétrer dans la cathédrale pendant l'élévation, on envoya sur le seuil de l'église six enfants de chœur ou d'autres jeunes gens danser la *cachucha* devant les Maures, afin de les amuser jusqu'à la fin de la messe et les empêcher d'interrompre le saint sacrifice.

Cette ruse réussit à merveille, et, pour perpétuer le souvenir de ce fait, on recommence chaque année la danse des Six avec des costumes semblables à ceux portés par les six danseurs qui arrêtèrent l'attention des Maures durant cette solennité. Ce souvenir est très-curieux, je le crois respectable, même; néanmoins, je crois aussi qu'à notre époque, le clergé de Séville ferait très-bien de faire danser la *cachucha* ailleurs que dans l'église.

Mais, après avoir fait un saut au Mexique, en Abyssinie et dans l'Espagne, revenons en Sardaigne.

Quand on a beaucoup voyagé, beaucoup vu et beaucoup étudié, il est toujours très-difficile de ne pas faire quelques escapades à droite ou à gauche à propos du sujet dont on parle. Je ne puis résister à l'envie de raconter une histoire pour clore mon chapitre sur l'influence de la religion et du clergé dans les campagnes de la Sardaigne. Les anecdotes dépeignent mieux les mœurs que les meilleures pages psychologiques.

Don Vittorio, communément appelé Pilo-Boyl, père du marquis actuel de Putifigari, chauvin comme personne, s'adonnait particulièrement à l'amélioration de la race bovine de son pays. A cet effet, il fit venir de la Suisse et du Piémont, des taureaux qui donnèrent, par le croisement avec des vaches sardes, de fort beaux produits dont il était excessivement fier. Il avait surtout une affection exagérée pour trois génisses, nées de ces taureaux, qui faisaient l'admiration de tous les connaisseurs.

Un soir, étant dans son palais, son majordome vint le prévenir que ses trois génisses avaient disparu. Le marquis, d'abord foudroyé par cette nouvelle, se mit dans une colère à tout casser; mais, comme cela ne remédiait à rien, il envoya ses paysans, et ceux des domaines voisins dont il put disposer, à la recherche de ses génisses. Peines perdues. Une semaine de perquisitions infructeuses dans tous les coins des districts vicinaux fit abandonner l'espoir de retrouver les trois malheureuses bêtes à cornes. Ce fut une grande affliction pour les paysans, car ils aimaient beaucoup leur seigneur et partageaient sincèrement ses joies et ses chagrins.

Huit jours après cet événement, le marquis, en se mettant à table, eut une inspiration qui le fit sourire d'aise; un peu de baume rentrait dans son cœur; il appela son intendant.

« Nicolao, lui dit-il, va me chercher le curé de la paroisse, dis-lui de venir immédiatement; j'ai quelque chose de très-pressé à lui dire. »

Le bon curé vint aussitôt prendre les ordres du marquis qui le fit asseoir à son côté, dîner avec lui et causa gaiement pendant une heure.

« Voici deux cents francs pour vous et vos pauvres, lui dit don Vittorio à la fin du repas en lui donnant la somme en belles espèces sonnantes; vous allez dimanche à la messe lancer une excommunication contre les voleurs de mes trois génisses, et si les coupables se découvrent la somme sera doublée. »

Le pauvre curé promit d'obéir et rentra dans son presbytère dans une grande perplexité. Sa promesse lui paraissait dure à remplir, l'idée de lancer une excommunication le tourmentait autant que si elle avait dû le frapper lui-même, mais désobliger son Excellence lui semblait impossible. Ne sachant à quel parti se résoudre, il alla consulter son ami, le P. Zacharie Angius, curé de Villanova-Monteleone. Celui-ci se fit rendre compte de la situation, donna quelques conseils à son collègue sur la marche qu'il avait à suivre et le congédia en lui disant :

« Ne vous affligez pas de votre embarras, suivez mes conseils et vous verrez que vous en sortirez à votre honneur. »

Ceci se passait un samedi. Le lendemain matin à la messe paroissiale, le curé de Putifigari dit à ses ouailles, que le dimanche suivant, il lancerait une excommunication contre les voleurs des trois génisses du seigneur don Vittorio Pilo-Boyl.

A cette nouvelle les paysans restèrent atterrés et leur consternation se répandit bien vite dans tous les villages des environs. De mémoire d'homme on n'avait jamais entendu parler d'une pareille chose. Hommes, femmes, enfants et jusqu'aux bergers des montagnes voisines, se disposèrent à voir cette terrible cérémonie.

La veille, l'église fut tendue de noir dehors comme dedans, les cierges en cire jaune des jours de grand deuil remplacèrent la cire blanche des jours ordinaires; les cloches firent entendre le glas des agonisants; leurs sons lugubres commencèrent à répandre l'effroi dans le village dès le samedi matin; on les entendit toute la nuit. Il serait difficile de peindre l'épouvante qui régnait parmi la population. Partout on attendait dans une vague terreur, une angoisse mortelle, la sentence qui devait retrancher

les coupables du nombre des chrétiens et leur interdire, avec l'entrée de l'église, la fréquentation de
leurs amis et même de leurs parents.

Le dimanche matin tous les fidèles arrivèrent à
l'église en vêtements de deuil. Le P. Zacharie vint
assister son confrère qui commença la messe à
l'heure habituelle. A l'*Orate fratres*, au moment où
le célébrant se retourna du côté de ses paroissiens,
il leur dit :

« Une mission terrible m'est imposée, mes chers
frères, je dois du haut de cet autel lancer l'anathème
sur un misérable qui a dérobé les génisses de son
Excellence, M. le marquis de Pilo-Boyl, seigneur de
notre village. Ma douleur est grande. Moi, votre père
spirituel, je dois maudire un de mes enfants.... »

Des sanglots éclatèrent à ces mots dans toute la
nef. Le P. Zacharie qui était monté en chaire au
commencement de la messe, interrompit alors le
curé en s'écriant :

« Miséricorde! miséricorde! par pitié, vous qui
êtes le pasteur de ce village, n'achevez pas cette fu-
neste cérémonie. Que deviendrait le coupable si vous
l'excommuniez? Errant et maudit, comme Caïn,
personne ne pourra lui porter secours, ni même lui
parler; sa femme et ses enfants mourront dans la
honte et le désespoir. Ses troupeaux seront dispersés. Une mort ignominieuse et misérable l'attend.... »

Le P. Zacharie fut à son tour interrompu par un

bruit qui se fit du côté de la porte. Trois hommes,
aux cheveux longs, à la barbe épaisse, se frayaient
un chemin à travers la foule. Ils allèrent s'agenouil-
ler au pied de l'autel; puis, après avoir récité le
confiteor à voix haute, ils dirent au curé de Putifigari
de manière à être entendus dans toute l'église :

« C'est nous qui sommes les coupables; n'achevez
pas l'excommunication. Les trois génisses n'existent
plus, mais nous sommes prêts à payer tout ce qu'on
demandera de nous. »

Un silence général se fit après cette confession.
L'office s'acheva tranquillement; la foule encore
émue se dispersa; les trois coupables, — père, fils
et neveu, — se rendirent chez le marquis qui leur
pardonna, tout en exigeant d'eux, — pour servir
d'exemple, — le prix des trois génisses.

XII

Siége d'Alghero par le vicomte de Narbonne. — Complainte en
catalan. — Histoire d'Adonis et de sa femme Astarte. — Les
« Jardins d'Adonis. » — Le compérage de Saint-Jean. — Les
disciplinés de Saint-Jean de Morès.

Ce n'est pas sans intention que j'ai laissé la province d'Alghero, si près de mon point de départ,
pour la dernière; c'est elle que je connais le mieux,
c'est elle aussi qui doit me fournir les récits les plus
intéressants de ce voyage et les études les plus cu-
rieuses sur la Sardaigne. Avant de quitter la ville
pour aller dans la montagne, je dirai quelques mots
sur le siége d'Alghero par le vicomte de Narbonne,
car cette page de l'histoire algharèse, s'est conservée
aussi vivante dans l'esprit du peuple que celle du
passage de l'empereur Charles-Quint dans leur
ville.

Au commencement du quinzième siècle, après la mort de la célèbre reine Eleonora, qui fut la bienfaitrice et la meilleure législatrice de la Sardaigne, Brancaleone Doria, père du prince défunt don Mariano, fils d'Eleonora, et Améric vicomte de Narbonne, bâtard de Savoie, époux de Béatrix, seconde sœur d'Eleonora, se disputèrent vivement les possessions de la reine défunte. De son côté, don Martino, roi de Sicile et fils de don Alphonse V roi d'Aragon, résolut de faire rentrer sous la domination paternelle les provinces sardes qui avaient secoué le joug aragonais. Dans ce but il partit de Trapani pour Alghero avec dix galères, fit venir de la Catalogne une petite armée et se mit à guerroyer contre le vicomte de Narbonne, alors allié de Brancaleone Doria, pour combattre les prétentions de don Martino.

Ce fut dans la plaine de Sanluri que se donna le premier combat sérieux. Les Catalans furent vainqueurs ; ils tuèrent environ cinq mille Sardes et prirent la bannière du bâtard de Savoie qui se réfugia précipitamment à Oristano, non loin d'Alghero. Don Martino vint assiéger le vicomte, mais au moment de s'emparer de la ville, il mourut par suite de ses débauches et de ses relations coupables avec une jeune fille de Sanluri qu'il aimait éperdument.

Le vicomte, grâce à l'appui des Sassarèses et des Français qui l'accompagnaient, reprit bientôt l'avantage sur les Catalans et même sur les Doria avec lesquels il s'était brouillé. Comme il ne restait plus à la maison d'Aragon que la seule ville d'Alghero, le vicomte voulut s'en emparer par surprise. La forteresse se trouvait alors sous la juridiction de Raymond Satrillas, gouverneur du cap de Logudoro, élu par Alphonse V.

Le 6 mai 1412, jour de la fête de saint Jean devant la Porte latine, le vicomte de Narbonne mit le siége devant la ville à la faveur des ténèbres de la nuit ; ses soldats escaladèrent les murailles et s'emparèrent même de la tour de l'Éperon. Mais, les sentinelles donnèrent bientôt l'alarme ; tous les citoyens arrivèrent en foule armés de tout ce qui leur tombait sous la main et reçurent les assaillants avec une extrême vigueur. Les femmes et les enfants se mêlèrent au combat ; on alluma un grand feu au pied de la tour et les ennemis durent se rendre pour ne pas être brûlés ou tués. Le vicomte de Narbonne fut fait prisonnier, immédiatement jugé et décapité le lendemain sur la petite place de l'église de Saint-Antoine abbé.

Les Algharèses, fiers de leur victoire, résolurent d'en perpétuer le souvenir par une fête annuelle. Durant cette solennité, on promenait des mannequins qui représentaient les partisans du malheureux vicomte, et l'on chantait un hymne en catalan qui rappelait le combat que je viens de raconter. Cette hymne ou complainte me paraît trop curieuse pour

la laisser ensevelie dans l'oubli et je crois devoir la
publier textuellement, telle qu'on la chantait il y a
plus de quatre siècles.

COBLES DE LA CONQUISTA.

O visconte de Narbona,
Be haveu mala rahò,
De vos escalar la terra
Del molt alt rey de Aragò

Escalada la haveu sens falta
Mes lo alguer be hos ha costat
Los millors homes de armes
Los llurs cap y han dexiat
Ab molt ballestreria
Y vergados al baldo
Dient muiran los Francesos
Que nos han fet la traiçiò
Del molt alt rey de Aragò.
O visconte de Narbona, etc.

Lo monseñor del altura
Que nes novell capità
Aquell que après la empresa
Ab mossen Sissilià
De toldra a nos la tierra
Falsament a traiçiò
Gran fore estada la mengua
De la casa de Aragò.
O visconte de Narbona, etc.

Defensada nos han la terra
Los albergans ab gran vigor

Quan veeran los llurs combatre
Setrillas gobernador
Aquell que nefrat estava
Mostrà gran esfors y bò
Dient muiran los Francesos
Que nos han fet la traiçio
Al nostre rey de Aragò.
O visconte de Narbona, etc.

La bandera haveu dexada
Visconte mal vostre grat
Virgili que la portava
De bona nes escapat
Ferit de un colp de glavi
Y nefrat de un virato
Prestamente salt la escala
A sercar son compañò.
O visconte de Narbona, etc.

La trompetta que aportavan
Poch li valgue son sonar
Nel assalt que atocavan
Casert no y gosan montar
Ans fugi ab lo visconte
Quan el veu la destrucçiò
Que facian de los Francesos
En la torre del Esparò.
O visconte de Narbona, etc.

En lo bastart de Saboya
No hos y cal pas esperar
Que giamas castells ni vilas
No veuren pas escalar
Puix que en lo Alguer sens falta

Pengiat¹ lo han com un ladrò
Y tolta li han la testa
Lo endema de la Acenciò. -
O visconte de Narbona, etc.

De las donas vos dirè
Dinas son de gran llaor
Cuals tingueren gran coraggie
Defensant al llur senor
Apportaban totas llena
Cascuno ab son brandò
Por mettre focha la torre
Que se appella lo Esparò.
O visconte de Narbona, etc.

O traydors de Sassaresos
Ara no hus caldra llamar
Que los vostres amichs Francesos
Son vinguts à visitar.
França, França aveu cridado
Molt Franeesos aveu vist
Y per tota vostra vida
Pers traydors sereu tenit.
O visconte de Narbona, etc.

O visconte de Narbona
No hos y cal pas a tomar
Que en la isla de Sardeña
No porren res herctar.
Mas tornavos en malora

---

1. La chanson dit ici que le vicomte fut pendu, puis décapité le
lendemain de l'Ascension : l'histoire ne donne pas ces détails et dit
seulement que le vicomte fut décapité le lendemain du jugement.

En Narbona a far traiçiò
Si no voleu que hos llevi la testa
Lo molt al trey de Aragò.
O visconte de Narbona, etc.

Gran llaors li sian donadas
Al apostol Sant Juan
Lu de la porta latina,
Fem li festa cascun ayn
Aquell que per no pregava
Tots fasamli oraçiò
Que supplique a Deu lo Pare .
Que nos gaarde de traiçiò.
O visconte de Nabona, etc.

En 1628, les Sassarèses demandèrent la cessation de l'auto-da-fé qui se faisait annuellement à Alghero des mannequins commémoratifs de la délivrance de la ville. A ce sujet, l'on fit une autre chanson, sorte de dialogue moitié latin, moitié espagnol, d'une grande originalité et qui devint également très-populaire. Mais depuis que la Sardaigne a passé sous le sceptre de la maison de Savoie, ces anciennes inimitiés ont disparu et, avec elles, les chansons qui les perpétuaient.

J'aurai bientôt l'occasion de parler des villages de Valverde et de Villanova-Monteleone, les plus pittoresques des environs d'Alghero. Je n'en dis rien en ce moment afin de parler des *Jardins d'Adonis* ou du « compérage de la Saint-Jean, » vieille relique phénicienne très-répandue dans la Sardaigne.

Quand on habite quelque temps une ville sarde, on est étonné de la quantité de compères et de commères qu'on rencontre à chaque pas. Ces mots, dans un sens générique, pourraient se traduire par « parrains et marraines, » car cette parenté spirituelle se contracte principalement au baptême et à la confirmation d'un enfant ou d'un adulte, et pour la bénédiction d'un objet religieux ou consacré au culte. Mais, soit penchant naturel d'étendre les liens et les sympathies des parentés fictives, soit obéissance aveugle, instinctive aux anciennes traditions, les paysans et les bergers sardes contractent, en outre, dans bien des provinces, une parenté désignée sous le nom de « compérage de Saint-Jean. » Pour en faire bien comprendre son antique origine et les bizarreries qui l'accompagnent, je dois esquisser rapidement quelques traits du culte phénicien concernant Adonis.

Adonis, pour les Phéniciens, était le seigneur par excellence; au fond, il n'était autre que le soleil, considéré comme le vivificateur de la nature universelle. Il passait pour le mari d'Astarte, c'est-à-dire de la lune, comme je crois l'avoir déjà dit. Adonis représentait la force active, productrice, et Vénus-Astarte le principe passif de la vie.

La science astronomique devait naturellement se mêler à un culte consacré au soleil et à la lune symbolisés par ces deux divinités. En effet, l'ascension

du soleil vers le Cancer et sa descente vers le Capri-
corne réglaient les solennités ou fêtes funèbres qui
avaient lieu pendant le solstice d'hiver, et les fêtes
joyeuses qui se tenaient au solstice d'été.

Pour le vulgaire, Adonis n'était qu'un beau garçon,
malheureusement tué à la chasse par un sanglier sur
le mont Liban, ou noyé dans une rivière. Sa femme,
ne le voyant pas revenir au foyer conjugal, en eut
une douleur.... féminine. Elle versa beaucoup de
larmes; elle eut même envie de s'arracher les cheveux, et finit par voyager, non pour se distraire,
mais pour chercher son Adonis. Ne l'ayant rencontré
nulle part, elle descendit aux enfers dans l'espérance
de l'y trouver.

L'on avait à cette époque la coutume d'aller toujours aux enfers chercher les trépassés ; les Champs-
Élysées, — paradis d'alors, — étaient si près du
Tartare, qu'il y avait peu de chemin à faire pour
aller d'un endroit à l'autre. Les recherches s'effec-
tuaient ainsi sur un espace assez restreint.

L'histoire ne dit pas quels furent les sentiments de
Vénus-Astarte en entrant dans le royaume de Plu-
ton ; ce qu'il y a de certain, c'est qu'elle vit son mari
près de Proserpine qui l'aimait et le choyait de son
mieux. Junon, — comme bien d'autres femmes, non
moins jalouses, — aurait fait une scène à son mari,
comme à Proserpine, mais Astarte se contenta de
pleurer et de tant supplier la déesse que la reine des

enfers en eut compassion; elle lui proposa de garder avec elle six mois le beau garçon et de le lui rendre les autres six mois de l'année, toujours jeune et toujours beau.

Vénus, préférant avoir son mari pendant six mois chaque année que de ne pas l'avoir du tout, signa cette convention et reprit son Adonis.

Si cette fable manque de morale, elle cache pourtant un enseignement. Il est permis d'y voir les longues nuits d'automne et d'hiver symbolysées par la mort d'Adonis et son séjour aux enfers, et les joyeux jours du printemps et de l'été symbolisés par sa jeunesse, sa beauté et son retour sur la terre.

En souvenir du retour d'Adonis, les femmes phéniciennes avaient l'habitude, vers la fin de mai, de mettre un vase à l'entrée de leur maison et dans lequel elles semaient de l'orge et du froment. Ces vases étaient ordinairement confectionnés avec des écorces d'arbres tressées ou en terre glaise. Ces semences, placées en bonne terre et fréquemment arrosées, germaient vite, de sorte qu'en quelques jours l'herbe était assez haute pour former une belle corbeille de verdure appelée par les Phéniciens « Jardin d'Adonis. »

Au solstice de juin, la veille de la fête d'Adonis, les femmes pleuraient la mort du jeune dieu; elles faisaient en son honneur le repas et toutes les cérémonies funèbres que je raconterai plus loin, en parlant de la mort des Sardes. Le jour suivant elles ornaient leurs vases-jardins, de bandelettes de pourpre et de différentes couleurs; enfin, elles célébraient par des rites que je ne puis rappeler ici la résurrection de leur divinité.

Après les processions mystérieuses et symboliques, pendant lesquelles les femmes se tenaient la main, deux par deux, elles rentraient chez elles en dansant, puis elles prenaient les vases et allaient les mettre en pièces en les jetant aux pieds de l'idole d'Adonis. Les fêtes se terminaient par une sorte de *ballo-tondo* dansé autour des feux allumés en l'honneur du mari d'Astarte. Il est inutile d'ajouter que la solennité se prolongeait bien avant dans la nuit et qu'elle était d'une moralité plus que douteuse.

Ces réjouissances, à propos des « Jardins d'Adonis », se généralisèrent tellement que les tribus d'Israël les adoptèrent peu à peu. Aussi, voyons-nous Isaïe s'écrier avec indignation : « Comment la ville fidèle s'est-elle prostittuée.... Ils seront confondus à cause des idoles auxquelles ils ont sacrifié, et vous rougirez sur les jardins que vous avez édifiés. « *Quomodo facta est meretrix civitas fidelis!... Confundentur ab idolis, quibus sacrificaverunt, et erubescetis super hortos quos elegeratis* » (Cap. I, 21-28). Dans les bibles protestantes on a traduit : *Hortos quos elegeratis*, par : « Vergers que vous avez choisis; » ce qui ne signifie rien du tout. « Jardins que vous avez édifiés, » me paraît

une traduction plus correcte, après ce que je viens
de raconter, d'autant plus que le prophète dit plus
loin : *Hortis post januam*, (cap. LXVI, 15, etc.), « jardins après ou derrière la porte » ce qui concorde
très-bien avec les « Jardins d'Adonis, » contre lesquels tonnait Isaïe, à cause du caractère idolâtrique
de cette superstition et des désordres inséparables
de ces fêtes.

Laissant de côté, maintenant, le culte du soleil et
de la lune des Phéniciens je vais montrer la corré-
lation du « compérage de la saint Jean » avec les cérémonies que je viens de décrire.

Au commencement d'avril un homme se présente
chez une femme de son village et lui demande ami-
calement si elle veut être sa commère ; en ajoutant
qu'il serait très-heureux d'être son compère pendant
toute l'année. Comme la famille de cette femme
trouve ce compérage très-honorable pour elle, la
proposition est ordinairement acceptée avec beaucoup de plaisir.

A la fin du mois de mai, la future commère, prend
une planche très-mince de liége,—écorce du chêne-
liége,—elle en fait un cylindre ou vase qu'elle remplit de terre et qu'elle sème avec une poignée de
froment. Ce vase placé à la porte ou à la fenêtre de
la maison, chauffé par le soleil, arrosé journellement,
verdit bientôt ; en vingt jours les tiges du grain sont
assez élevées, assez serrées, pour former une belle

corbeille de verdure, et prend alors le nom sarde :
d'*Erme* ou de *Nenneri*, sans doute, une corruption du
mot phénicien : — jardin.

Le vingt - quatrième jour, fête de saint Jean,
l'homme et la femme richement vêtus, accompagnés d'un long cortége, se rendent à une petite chapelle en dehors du village et brisent le vase contre
la porte. Ensuite ils s'assoient en cercle sur le gazon
et mangent des œufs fris avec des herbes tendres,
tandis que les joueurs de la « lionedda » soufflent
dans leurs flûtes les airs les plus gais. A la fin du
repas on verse du vin dans un grand verre qui fait
le tour de l'assemblée. Chaque convive, avant de
boire porté un toast en chantant ces simples mots :

— « Compère et commère de saint Jean. »

Puis commence le *ballo-tondo* qui se prolonge jusqu'au soir.

Dans la province d'Oziéri, les jeunes filles renché-
rissent sur ces cérémonies, de manière à les faire
ressembler encore davantage à celles qui se passaient
pour les fêtes d'Adonis.

Elles vont dans les forêts de chêne-liége choisir et
couper l'écorce qui leur convient le mieux; elles en
reviennent avec le vase tout préparé, le garnissent
d'étoffe écarlate, de rubans ou de bandelettes de différentes couleurs et le placent sur une fenêtre ornée
de tentures. Autrefois, elles mettaient sur l'*Erme* une
statuette de femme ou poupée.... accoutrée à la mode

antique, mais les évêques ont fait interdire ce simulacre....

Les jeunes gens vont chaque soir admirer ces préparatifs; le jour de saint Jean, ils allument, à la tombée de la nuit, de grands feux et dansent autour avec les jeunes filles du village. Les compères et les commères prennent un long bâton, dont ils tiennent les extrémités de chaque côté du feu; ils le tournent ensuite trois fois par les deux bouts, de sorte qu'ils se passent trois fois les mains par les flammes en changeant de côté les extrémités du bâton.

Comme on le voit, de l'initiation à Baal, du passage par le feu, des fêtes d'Adonis, les Sardes n'ont guère oublié que la signification de toutes ces cérémonies; les détails en sont restés presque intégralement les mêmes depuis vingt ou trente siècles au moins. Les « Jardins d'Adonis, » leur mode de fabrication, leur genre d'ornementation, l'époque de leur ensemencement, la manière de les briser au solstice d'été, en souvenir du corps du beau chasseur réduit en morceaux par le sanglier du Liban, le repas avec des œufs et de l'herbe, les grands feux allumés et les danses en se tenant par la main, rien n'y manque.

Le christianisme, en passant là-dessus, n'a fait que débaptiser la fête: il en a changé le nom; il en a retranché les excès, mais il a laissé toutes les formes des anciens rites. Sur ce terrain si bien préparé pour toutes sortes de superstitions, il a développé d'autres naïvetés qui me reviennent à l'esprit, à propos de la fête de saint Jean.

J'ai déjà dit que chez les Sardes, plus que parmi tous les autres peuples catholiques civilisés ou jadis gouvernés par les Espagnols, la religion s'exprimait principalement par des signes extérieurs. Une foi simple et digne de respect est certainement au fond de toutes ces consciences primitives ou dévoyées, mais cette foi, au point de vue évangélique, est bien mal éclairée. L'homme fait souvent le mal en toute connaissance de cause; il obéit à ses passions sans se violenter le moins du monde, il croit que des actes extérieurs de religion, des mortifications corporelles rachètent bien des crimes et sont préférables à l'acquisition des vertus chrétiennes. C'est à la fête de Saint-Jean-de-Morès, sur le territoire d'Ozieri, qu'on voit surtout cette aberration poussée dans ses dernières limites.

Cette fête, célébrée le 24 juin, jour de saint Jean-Baptiste, réunit la plupart des habitants du Logudoro et de tous les pays environnants. Peu de solennités ont le privilége d'attirer autant de monde autour d'un village aussi petit, et j'avoue que même en Sardaigne, il y en a peu qui présentent un coup d'œil aussi curieux. Les hommes et les femmes, dans leurs costumes les plus beaux et les plus riches, y viennent à cheval de vingt lieues à la ronde et campent dans la plaine au milieu de laquelle s'élève le village.

Pendant toute la nuit qui précède la fête, on voit briller les mille feux allumés pour le campement, on entend les chants pieux ou grivois des pèlerins avinés. A minuit, cette foule va se baigner dans la rivière de Mores, en commémoration du baptême donné par saint Jean-Baptiste sur les rives du Jourdain.... Il est nuit, c'est vrai, mais sans compter l'éclat de la lune et des étoiles, la nuit a ses transparences dans les pays méridionaux, et les baigneurs n'ont pas de vêtement. Pourtant le clergé n'interdit pas ces baignades en commun, ce baptême par immersion en masse ! Du reste, pourrait-il les empêcher ? *Chi lo sà ?*

Après la messe solennelle, le jour de la fête, des hommes, pour faire pénitence de crimes commis ou par exagération de l'esprit religieux, s'habillent en pénitents ou confrères du Saint-Rosaire, mais la tunique ouverte sur l'épaule, de manière à ce que le dos soit complètement à nu, puis, armés de disciplines composées de cinq cordes, au bout de chacune desquelles se trouve la molette d'un éperon, ils se mettent en prières et se frappent sur le dos à coups de discipline. Dès les premiers coups, le sang coule, et, sans témoigner la moindre douleur, ces malheureux se frappent quelquefois pendant tout le temps que dure la récitation du rosaire.

Ces pénitences barbares sont pourtant loin d'inspirer autant d'horreur que la vue du « tour des
épées. » Le pénitent qui s'inflige cette punition se
met à genoux en dehors de la chapelle, en présence
de la multitude, il prend dans les mains, bras tendus, un bâton aux deux extrémités duquel sont
attachées deux épées dont les pointes rapprochées
reposent sur son cœur ; puis, récitant à voix haute
des prières, il fait à genoux une ou plusieurs fois le
tour de la chapelle. Au moindre mouvement, à la
moindre lassitude qui lui feraient baisser les bras,
il tomberait mort le cœur percé par la pointe des
épées.

Ceux qui ne sont point habitués à pareil spectacle
ne peuvent en supporter la vue ; la crainte de voir
ces pauvres gens se suicider par accident, leur donne
une inquiétude mortelle qui les en éloigne. Les Mexicains ont bien les longs pèlerinages à genoux et les
bras tendus, mais ils ne risquent pas leur vie en
s'imposant ces pénitences, puis ils sont généralement accompagnés de quelques personnes qui ten-
dent leurs *serape* (couvertures) sous leurs genoux
par humanité, de sorte que la rencontre de ces pénitents est moins pénible à voir. En Sardaigne, on
trouverait ces pénitences à « l'eau de rose, » on n'en
voudrait pas. Quel drôle de peuple !

XIII

Mariages homériques des Sardes. — Les paranymphes. — Histoire d'Antonica. — Le convoi du *corredo*. — Cérémonies bibliques. — Le présent et l'antiquité.

Je ne crois pas qu'il y ait au monde un pays où l'on fasse autant de cérémonies pour se marier qu'en Sardaigne. Nous retrouvons dans le mariage des bergers et des paysans de ce pays toutes les coutumes juives et païennes de l'antiquité. Cela nous prouve que les anciens, — comme les Sardes d'aujourd'hui, — y regardaient à deux fois avant de prendre femme, et qu'une fois décidés ils étaient moins occupés qu'on ne l'est de nos jours, pour se permettre ces éternelles et poétiques réjouissances pendant lesquelles l'histoire humaine est symbolisée de la manière la plus originale.

Ce rapprochement du passé avec le présent, le

caractère pittoresque de ces formalités et le con-
traste de ces mariages avec les nôtres sont trop singuliers pour ne pas leur consacrer quelques lignes
dans ce livre, destiné à faire connaître des mœurs
qu'on ne soupçonne même pas.

Quand un jeune homme aime une jeune fille et
qu'il veut l'épouser, il va trouver le père et la mère
de la femme de son choix; il leur fait part du secret
de son cœur et de ses désirs. Ceux-ci s'empressent
de prendre toutes les informations possibles sur le
prétendant, sur son caractère, son passé, celui de
ses ancêtres jusqu'à la troisième génération et sur
la dot qu'il apporte. De leur côté, les parents du
jeune homme se livrent à la même enquête, et si les
renseignements sont satisfaisants de part et d'autre,
le mariage est arrêté.

Alors on s'occupe des cadeaux qui doivent être
donnés aux deux futurs, surtout à la fiancée, qui,
selon le rite matrimonial des Sardes, doit apporter
tous les ustensiles nécessaires au foyer conjugal. Ces
ustensiles sont neufs ou restaurés, de manière à
pouvoir faire un long usage.

Au jour désigné pour la demande en mariage offi-
cielle, le père du fiancé, ses parents et ses amis, appelés dans cette circonstance *paranymphos*, — les
pronubi de la Bible, comme l'indique le mariage de
Samson (Jud. xvi, 20) — se rendent à cheval, en
grand costume, à la maison de la future. Celle-ci est

également entourée de ses parents et de ses amies, revêtues de leurs plus beaux atours.

A l'arrivée de la cavalcade, le maître de la maison ferme sa porte et se cache ; il n'ouvre et ne reparaît que lorsque les paranymphes, après avoir frappé bruyamment et longtemps, l'obligent à répondre.

« Qui est là ? s'écrie le brave homme avant d'ouvrir, êtes-vous des amis et m'apportez-vous quelque bonne nouvelle ?

— Nous sommes des amis, répondent les cavaliers, nous demandons honneur et vertu. »

La porte s'ouvre à ces mots ; les cavaliers descendent de cheval, pénètrent dans la chambre où sont réunies la fiancée, sa famille et ses amies. Après les premières salutations d'usage, le silence se rétablit et le père du prétendant dit à celui de la future :

« J'ai perdu la plus belle et la plus parfaite de mes brebis ; je l'ai cherchée partout sans pouvoir la rencontrer. Sa tournure est gracieuse, ses yeux sont ravissants, tout est adorable en elle. Elle est si douce, si gentille et si agréable à voir, que sans elle je ne saurais vivre heureux. Je n'ai plus ni repos ni joie, et je viens vous demander si par bonheur elle ne se serait pas réfugiée chez vous ?

— Oh ! je ne le pense pas, répond le maître de la maison d'un air tout étonné ; néanmoins, comme j'ai beaucoup d'agneaux et de brebis chez moi, vous pouvez chercher et regarder si par hasard vous ne la verriez pas. »

Puis, conduisant son hôte devant toutes les femmes assises autour de la salle, les unes à côté des autres, il lui présente la première en lui disant :

« Serait-ce votre brebis, celle-ci?

— Non, je la crois sage et belle,
Mais, hélas! ce n'est point elle, »

répond le père du jeune homme à chaque femme qu'on lui présente. En voyant la dernière, — qui est la fiancée, — il s'écrie :

« La voilà ! la voilà ! Ne vois-tu pas une vertu sortir de ce doux visage qui m'annonce mille bonheurs? »

Le maître de la maison prend alors les mains de sa fille et la fait lever; le futur beau-père met ensuite au cou de la fiancée de son fils un collier, au doigt un anneau d'or avec une petite pierre précieuse, et lui pend aux oreilles des boucles d'or. Les parents et les paranymphes lui font également des cadeaux. A son tour, la fiancée fait des présents au père de son futur pour remettre à celui qui doit être son époux. Elle donne pareillement quelques objets de peu de valeur aux paranymphes, puis elle reprend sa place pour recevoir les félicitations de ses amies.

Il semblerait qu'après cette cérémonie, qui se termine par un repas copieux et d'interminables libations, il n'y ait plus qu'à marcher à l'église pour prononcer le oui fatal. Erreur; soit amour des fêtes

de famille, soit respect pour trois mille ans de traditions, les Sardes ne s'en tiennent pas quittes pour si
peu. La demande en mariage n'est qu'une solennité
préparatoire qui lie les deux fiancés à tout jamais.
Malheur à celui qui retirerait sa parole et ferait un
autre choix, le fer ou le feu feraient bien vite justice
du parjure.

Les Sardes contractent parfois des engagements
tacites qui ont toute la portée de la demande en mariage. Lorsqu'un jeune homme offre, en dansant, une
rose, une tulipe ou une violette à une jeune fille, et
que celle-ci l'accepte sous les yeux de ses parents ou
de ses amis, cette offre et cette acceptation équivalent
au contrat le plus solennellement rédigé devant no-
taire. Il en est de même, lorsqu'un danseur prend
publiquement la main de sa danseuse au lieu de lui
prendre les doigts.

Ces sortes de promesses de mariage ne peuvent
être retirées que par la mort de l'un des fiancés. En
matière matrimoniale, on ne peut être parjure
qu'une seule fois en Sardaigne. En voici un exemple :

Dans une petite ville du territoire de Sassari vivait, il y a quelques années, une jeune fille appelée
Antonica, fort belle et de mœurs irréprochables.
Elle était recherchée d'une multitude de jeunes gens,
et surtout d'un beau garçon, fier et sauvage, devenu,
par suite de plusieurs meurtres et de vols audacieux,
la terreur du pays et le chef d'une bande qui déso-

lait le district. Antonica l'aimait en secret, tout en déplorant la conduite de son adorateur. Voyant qu'il ne pouvait l'emmener avec lui pour en faire sa maîtresse, il lui dit un soir :

« Si tu veux, Antonica, je t'épouserai.

— Réhabilite-toi, répondit-elle, deviens honnête et j'accepterai ta main. »

Le bandit le lui promit et le mariage fut résolu, après serment fait de part et d'autre de ne pas engager leur cœur et leur foi. Malheureusement, pour la province et pour lui, ce mauvais sujet oublia sa promesse et continua de piller et de tuer comme avant. Son nom devint si terrible, que personne n'osait le trahir ou lui refuser l'hospitalité, lorsqu'il venait se cacher dans une maison.

A cette époque, il s'éprit d'une autre jeune fille du nom d'Efisedda et lui promit de l'épouser. En apprenant ce nouvel engagement, Antonica courut chez sa rivale et lui dit :

« Apprends, Efisedda, qu'il m'a promis de se marier avec moi; ne te presse donc pas de l'épouser, car tu n'en jouirais pas longtemps. »

Efisedda répéta ces paroles au bandit; mais celui-ci se mit à rire et ne tint aucun compte de ces menaces. La veille du mariage, Antonica vint, au coucher du soleil, se poster sur le passage de son fiancé. Quand elle le vit venir, elle l'approcha et lui demanda ce qu'il avait l'intention de faire?

« Mon intention, répondit-il sèchement, est d'épouser Efisedda demain.

— Et moi, voici la mienne, » ajouta froidement la jeune fille.

Tirant alors un pistolet de dessous son tablier, elle fit feu et lui traversa la poitrine d'une balle. Au bruit de l'arme, les parents et les amis du bandit accoururent et le trouvèrent à moitié mort, étendu sur le sol. Relevant un peu la tête et rassemblant toutes ses forces, il leur dit d'une voix presque inintelligible :

« Sauvez Antonica; je lui avais promis le mariage, j'ai été parjure, elle m'a tué, elle a bien fait, sauvez-la et défendez-la de la justice. Dites au fisc qu'en me tuant, elle a maintenu l'intégrité de la foi des serments, qu'elle a sauvé cinq familles que je voulais tuer si j'avais vécu seulement un mois de plus, et qu'enfin, ma tête étant mise à prix, Antonica l'a gagné. »

Ce furent ses dernières paroles. La justice, en effet, fut indulgente pour la jeune fille. On la laissa vivre en paix dans un village voisin, où elle vivait encore à mon dernier voyage.

En Sardaigne, le mariage ne se conclut pas immédiatement après l'échange des promesses, à moins que les parents des fiancés ne soient assez riches pour s'occuper sans retard du *corredo*. Dans le cas contraire, il s'écoule des mois et même une année avant que les préparatifs ne soient terminés.

Le *corredo*, ou convoi conjugal, rappelle les cérémonies des noces cananéennes racontées-dans le premier livre des Machabées : *Et apparatus multus....
Faciunt nuptias magnas, et ducunt sponsam filiam
unius de. magnis principibus Canaan, cum ambitione
magna* (1 Mach. IX, 37).

Je vais essayer de donner une idée de ce convoi ;
mais ce que je ne pourrais dépeindre, c'est la beauté
de ce tableau formé par cette longue procession
d'hommes et de femmes dans des costumes aux couleurs éclatantes et ravissants, cette file interminable
de chars traînés par des bœufs couverts de fleurs et
de rubans, cet entrain des chevaux qui caracolent,
ce charme des sons du *lionedda*, ces chemins poétiques qui glissent sous les bois d'oliviers, d'orangers
ou de chênes, et ce ciel bleu foncé comme le saphir
d'Orient, inondé de lumière. Ces choses-là se voient,
mais Chateaubriand lui-même ne pourrait les décrire.

Le jour indiqué pour la cérémonie du *corredo*, le
fiancé monte son plus beau cheval ; ses parents et les
paranymphes l'accompagnent chez son futur beau-
père, d'où doit partir le cortége dans l'ordre suivant :

Les joueurs de *lionedda* sont en tête et font entendre leurs mélodies les plus anciennes et les plus
joyeuses ; les oiseaux des solitudes les écoutent et
tâchent de les imiter dans leurs gazouillements.
Viennent ensuite, deux à deux, de jeunes vierges et

de petites filles qui chantent en chœur de la manière dont j'ai déjà parlé, en traitant le sujet des chants et de la musique sardes.

Les garçons suivent cet orchestre ambulant et portent les objets fragiles qui pourraient se briser sur les chars, tels que verres, bouteilles, carafes, vases de fleurs, etc. Ils sont aidés dans leurs fonctions de commissionnaires bénévoles par une procession de femmes revêtues de leurs plus riches costumes, et spécialement chargées de porter le linge, les étoffes, la laine, le fil, la quenouille traditionnelle, et d'autres objets indispensables au jeune ménage.

L'amie la plus intime de la fiancée vient la dernière et porte, sur un montant orné de pourpre, l'amphore ou la cruche antique ornée de fleurs, avec laquelle la nouvelle épouse doit aller chercher de l'eau à la fontaine.

La cavalcade du fiancé, de ses parents et des paranymphes, brillante et gaie, suit la procession. Leurs chevaux, ce jour-là, sont caparaçonnés de la manière la plus riche; les broderies d'or et d'argent, sur des harnais de velours cramoisi, brillent partout. Souvent ces harnais sont prêtés par les seigneurs du village, quand les cavaliers n'ont pas les moyens de se les acheter. Je crois avoir pourtant fait remarquer qu'en Sardaigne les bergers et les paysans ont des costumes d'une grande richesse qui passent de génération en génération, par héritage, et qui sont précieusement conservés pour les jours de fête.

Après le cortége du fiancé, viennent les chars traînés par les bœufs. Ces chars, comme ceux des Aztèques, ont une forme antique; leurs roues massives sont ordinairement sciées dans un seul bloc de chêne. Le joug est orné de fleurs et de branches de myrthe. La corne des bœufs est polie et garnie de longs rubans de différentes couleurs.

Sur le premier char sont placés le lit et les matelas entourés de guirlandes de fleurs; les autres sont chargés de toute la batterie de cuisine, des tables, des chaises, du moulin, du bourriquet dont les oreilles et la queue se cachent sous des branches de myrthe; les derniers portent du grain, des légumes et des provisions pour la première année du mariage. Après ceux-ci, viennent les « tracche, » — le *traha* des Latins, — chars ornés de petits drapeaux, dans lesquels se placent les femmes trop âgées, les enfants, les gens trop paresseux ou sans emploi qui font partie du cortége.

Arrivés à la maison du futur, tous les objets apportés par le *corredo* sont arrangés avec soin par les femmes et les paranymphes, placés dans les endroits qu'ils doivent occuper, et garnis de fleurs et de myrthes, comme l'indiquaient les rites du culte d'Adonis et de l'Astarte sidoniens.

Ce *corredo*, tel qu'il est en usage en Sardaigne, se

retrouve dépeint sur des vases étrusques et des fresques pélagiennes qui semblent nous démontrer que les Sardes n'ont rien changé au cérémonial de leurs ancêtres. Dans certaines peintures étrusco-pélagiennes on voit le génie qui préside à l'hyménée présenter à l'épouse des guirlandes de fleurs et des bandelettes d'étoffes de différentes couleurs, comme une sorte de consécration à Vénus, à Diane ou à la Junon pélagienne. Les choses ne se passent pas autrement dans la Gallura ; seulement, aujourd'hui, le génie de l'hyménée est remplacé par de jeunes filles qui donnent ces rubans et ces guirlandes à la mariée, lorsqu'elle s'habille ; elles en décorent en outre le lit, les amphores et tous les objets de ménage.

Cette coutume de présenter des rubans aux vives couleurs à la mariée, s'applique également à la madone et aux saints les jours de fête, de manière à les en couvrir, comme cela se pratiquait autrefois à l'égard de certaines divinités orientales.

Enfin, le jour du mariage arrivé, le futur, toujours accompagné de son cortége ordinaire de parents, de paranymphes, de son père et du curé qui doit bénir son union, se rend chez sa fiancée.

En le voyant, celle-ci se jette aux pieds de sa mère, pleure tant qu'elle peut, lui demande pardon de toutes les fautes qu'elle a commises depuis son enfance ; elle prend Dieu à témoin du respect et de

l'amour qu'elle ne cessera d'avoir pour elle et finit
en la suppliant de lui donner sa bénédiction.

La mère, à son tour, fait un petit sermon à sa
fille, lui parle de ses devoirs à l'égard de ses nouveaux parents, lui souhaite mille bonheurs, la relève,
l'embrasse et la confie au curé du mari. Le tout se
passe exactement d'après la formule que nous lisons
dans Tobie, au moment où Raguel va partir avec son
époux: *Apprehendentes filiam suam, osculati sunt eam;
monentes eam honorare soceros, diligere maritum, regere
familiam, gubernare domum, et seipsam irreprehensibi-
lem exhibere* (Tob. X).

Le curé de la fiancée prend alors le futur; deux
colonnes se forment, et, précédées des joueurs de
lionedda, se rendent à l'église, où, pour la première
fois, le jeune homme est mis à côté de sa future.
Après la bénédiction nuptiale, les époux et les invités se rendent chez le père de la mariée pour déjeuner. Là, assis à côté l'un de l'autre, les époux
mangent dans le même plat, avec la même cuillère,
qu'ils se prêtent alternativement, et boivent dans le
même verre.

Le déjeuner étant achevé, la mariée est doucement
arrachée aux embrassements de sa mère et placée
sur un beau palefroi, richement harnaché. Par-dessus
son voile blanc, elle porte, ainsi que toutes les jeunes
filles qui l'accompagnent à cheval, un chapeau de
feutre à larges bords, pour se garantir du soleil.

Quant à son mari, de même que les cavaliers du cortége, ils n'ont, pour toute coiffure, que le bonnet phrygien écarlate.

Avant de monter à cheval, l'épouse reçoit ordinairement de deux petits garçons une corbeille remplie de colombes, auxquelles elle donne la liberté en les prenant une à une et les faisant envoler. Je ne sais si cette coutume est une réminiscence de la *Venus sponsa* des Latins, représentée avec une tourterelle en main ou bien une tradition du culte de l'Astarte sidonienne à laquelle, comme à la Vénus pélagienne, la colombe était dédiée, comme emblème d'amour, de douceur, d'innocence et de fécondité.

Les tourterelles envolées, les musiciens se remettent à la tête du cortége qui doit conduire les époux dans leur nouvelle demeure. A leur passage dans les rues, les femmes leur jettent dessus, par les portes et par les fenêtres, du blé en grain. La mère du mari les attend sur le seuil de la maison avec une écuelle remplie de froment et de sel, mélange appelé *sa grazia*, qu'elle leur jette à pleine main, au moment d'entrer. Puis, elle conduit la mariée dans la chambre nuptiale nommée *sa domu e lettu*, — maison ou chambre du lit, — où elle verse à terre devant la jeune femme une tasse d'eau limpide et pure et lui jette de nouveau sur les reins quelques poignées de *sa grazia*.

Cette eau répandue à terre est un ancien rite cananéen signifiant que la félicité humaine est courte et fugitive. Cette métaphore fut employée devant le roi David : *Omnes morimur et quasi aquæ dilabimur in terram, quæ non revertuntur* (2 Reg. XIV, 14). Le rite hébraïque a conservé un souvenir de cette tradition dans la coutume de briser le verre auquel ont bu les deux époux pendant la cérémonie du mariage.

Le titre de « chambre du lit » donné à la chambre nuptiale rappelle aussi que dans l'antiquité cette partie de l'appartement était sacrée ; les anciens n'en permettaient à personne l'entrée ; aucun regard étranger ne la profanait, si l'on en croit la longue tirade que Pénélope fit à Ulysse, au chapitre vingt-troisième de l'Odyssée.

Dans certains districts du nord, l'épouse s'assoit ensuite sur un siége magnifiquement orné, reçoit les félicitations de tous les invités ; mais, muette comme une statue de Junon, elle ne peut ni dire une parole, ni remuer le premier jour de ses noces. Aussi pénibles que dussent être pour des femmes ce silence et cette immobilité, dans un jour pareil, la force des traditions est telle dans ce pays que cette ancienne coutume n'a pas encore été entièrement abolie partout.

Finalement, la soirée se termine par un repas où les deux époux mangent dans le même plat et boivent au même verre, comme pendant le déjeuner. On improvise ensuite des vers et des chants en l'honneur de la femme et du mari, puis, l'on danse le *bal-lo-tondo* avant de se séparer.

Il faut avouer que les Sardes mettent bien des formalités à conclure leurs mariages. Entre le jour de la demande et le repas des noces, ils auraient le temps de mourir vingt fois, si une seule n'était pas suffisante. Ces délais et ces longues cérémonies pourraient avoir une morale comme en ont toutes les complaintes; mais à quoi servirait-elle? Je m'abstiens donc d'écrire celle qui me vient au bout de la plume. Je ferais seulement remarquer pour terminer ce chapitre qu'à part la bénédiction nuptiale donnée à l'église, et qui est la même dans tout le monde catholique, les autres cérémonies, y compris l'ordre des cortéges, se retrouvent dans la Bible, l'Odyssée et dans les rites de la plus haute antiquité.

XIV

Lutte avec les pieds. — *Vendetta* sarde. — Le combat des Quatorze. — Le duel d'Anchita et de Brundanu. — La fontaine des bandits. — Histoire du célèbre Pepe Bonu. — Comment l'oncle Balthasar se fit bandit. — Un juge habile.

Si chaque pays s'amuse à sa façon, chaque peuple se bat à sa manière. Les Anglais ont le pugilat pour se meurtrir la poitrine, se pocher les yeux et se casser les dents à coups de poings ; les Sardes se brisent les tibias à coups de pieds ; c'est ce qu'ils appellent la *Lotta coi piedi*.

Pour ce genre de duel, les deux adversaires prennent chacun deux témoins sur lesquels ils s'appuient pendant le combat. Chaussés de leurs terribles *borzachini*, énormes souliers pointus, à grosses semelles de cuir, et durs comme du fer, les deux ennemis se mettent en face l'un de l'autre, et prennent les mains de leurs *padrini*, — parrains, témoins, — ou s'appuient sur leurs épaules. Alors commence une de ces luttes féroces, de pied contre pied, de pied contre jambe, jusqu'à ce que la douleur causée par la meurtrissure des chairs, la dislocation ou la fracture des os obligent l'un des combattants à s'avouer vaincu.

Le combat a lieu généralement avec le pied droit. mais souvent aussi, quand celui-là est trop martyrisé, la lutte se poursuit avec le pied gauche. Pourtant, disons-le de suite, cet horrible duel devient de jour en jour, de plus en plus rare, le fusil ou le couteau porté par tous les Sardes à leur cartouchière remplacent les *borzachini*. Est-ce par humanité que ces messieurs préfèrent tuer d'un seul coup leurs ennemis que de les faire souffrir en leur cassant les os des jambes? Je ne le crois pas.

Le Sarde est susceptible et très-chatouilleux sur le point d'honneur; il ne pardonne pas facilement une offense, il y en a même qu'il ne pardonne jamais. La vengeance est pour lui ce qu'elle est pour le Corse, un trait caractéristique. Les haines sont héréditaires et cruelles chez ces deux peuples; elles ne sont pourtant pas, en Sardaigne, les seules causes de la *vendetta*; elle a bien un peu sa source aussi dans la vénalité et la cupidité des juges qui font plus attention à la bourse des plaideurs qu'à la justice de leurs droits.

Il arrive parfois que deux familles, longtemps ennemies, vident un jour leur querelle, par un duel entre deux champions choisis parmi leurs meilleurs tireurs. Quelquefois le nombre des champions est relativement considérable. Un de ces combats singuliers des plus célèbres est celui qui se livra entre quatorze membres de deux familles ennemies appartenant au même village.

Au jour fixé pour cet affreux duel, la petite troupe se mit sur deux lignes parallèles, à trente pas l'une de l'autre sept contre sept, non loin de leurs habitations. Il fut convenu que chaque homme ne tirerait qu'un seul coup et qu'il viserait celui qu'il voudrait. A peine le sort eut-il désigné celui qui tirerait le premier que le feu commença.

En moins d'un quart d'heure, treize coups partirent et treize hommes tombèrent morts frappés au cœur. Le quatorzième n'ayant personne à tuer replaça son fusil sur l'épaule et s'en alla tranquillement chez lui. Tout à coup, l'on vit sortir du milieu des spectateurs, attirée par cet horrible drame une jeune fille de dix-huit ans qui se mit à courir vers l'un des cadavres étendus à terre; elle l'embrassa, prit son fusil, le chargea et fit feu sur le dernier survivant des quatorze champions qui tomba mort le crâne fracassé par trois balles. Elle venait de tuer le meurtrier de son fiancé. Peu de temps après elle mourut folle de douleur.

On le voit, la vengeance est terrible, implacable

en Sardaigne, elle ne s'éteint que dans le sang de
l'ennemi, et ce sang, comme une lèpre hideuse s'é-
tend sur toute la famille, perpétue ces haines mortelles et décime des villages entiers. Néanmoins,
elle inspire parfois à ceux qu'elle a fait fuir dans les
forêts et les lieux déserts de l'île, — pour se soustraire aux agents de l'autorité, — des sentiments
chevaleresques qu'on ne retrouve chez aucun des
Fra-Diavolo du reste de l'Europe. Voici un fait qui
n'est pas le seul de ce genre à ma connaissance, et
que je dois citer comme un des traits les plus carac-
téristiques du banditisme sarde.

Salvatore Anchita, devenu bandit par suite d'une
vendetta, était chef d'une bande établie dans les
environs de Bedini; il avait pour ennemi mortel
un nommé Francesco Brundanu de la même ville et
pareillement chef d'une autre bande. Une haine implacable animait les chefs l'un contre l'autre. Femmes, enfants et amis des deux bandits furent bientôt
assassinés dans ce sanglant conflit qui dura plusieurs
années et ne pouvait finir que par la mort des deux
adversaires.

Brundanu, condamné à mort pour ses crimes, fut
vivement poursuivi par les troupes royales. Grâce
aux sentiers isolés qu'il connaissait à merveille et à
l'obscurité de la nuit il parvint à s'échapper plusieurs
fois, au moment d'être atteint par les soldats. De
rochers en rochers, de montagne en montagne, il

gagna une grotte dans laquelle il espérait être en sûreté. Mais le hasard lui fit rencontrer Salvatore Anchita et cinq de ses compagnons.

Lorsque Brundanu se vit à la merci de son ennemi, il jeta ses armes à terre, se mit à ses genoux et le supplia de lui donner la mort pour ne pas tomber entre les mains des soldats qui le poursuivaient.

« A Dieu ne plaise que je tache mon nom, lui répondit Anchita; je cherchais ta mort de seul à seul; je voulais te tuer loyalement; tu es sans armes et je suis armé; te tuer aujourd'hui serait une lâcheté. Regarde, ajouta-t-il, en lui montrant des soldats qui s'avançaient, reprends ton courage et ta carabine; le même sort sera le nôtre; il faut vaincre ou mourir. »

Le feu s'engaga bientôt entre les troupes du roi et les bandits, trop peu nombreux pour résister longtemps. Après un combat très-vif qui coûta la vie à bien des hommes, Anchita et Brundanu furent tués l'un à côté de l'autre.

Parmi les villages voisins d'Alghero, j'ai nommé ceux de Valverde et de Villanova-Monteleone. Ces deux localités vont me donner l'occasion de parler d'autres bandits célèbres, dont l'histoire complétera ce que j'ai déjà dit sur cette classe honorable de la société sarde qui n'est pas sans inspirer de l'intérêt, — j'allais dire une certaine sympathie.

Sur les confins du territoire de Valverde et de

Putifigari, on voit une gorge profonde, ombragée de chênes-verts, de chênes-liéges, parsemée de myrthes, de lentisques et d'arbousiers séculaires. Cet endroit, appelé par les habitants d'Alghero : — le Ravin de la Grande-Chasse, — est une sorte de fourré impénétrable, habité par des milliers de sangliers et de chevreuils.

Au milieu de cette gorge, existe une grotte, auprès de laquelle coule une eau limpide, connue sous le nom de — Fontaine des Bandits.— Je crois que c'est cette même fontaine qui, d'après une vieille légende, fournissait du vin à un saint ermite qui vivait dans la grotte ; mais un jour s'étant rendu coupable d'une faute légère, Dieu pour le punir changea le vin en eau, comme il avait changé l'eau en vin. A l'appui de cette légende le peuple affirme que l'eau de cette source a conservé un goût léger du suc de la vigne ; j'en ai bu pour constater le fait, et j'avoue que je ne lui ai pas trouvé la moindre trace de la plus médiocre et de la plus claire des piquettes. Mes souvenirs, pourtant, ne sont pas assez précis pour affirmer que la Fontaine des Bandits et celle de l'ermite de Valverde soient la même.

Quoi qu'il en soit, le Ravin de la Grande-Chasse avait une réputation à faire dresser les cheveux sur la tête, et, le voyageur qui suivait le sentier de Valverde à Putifigari n'était jamais sûr d'arriver sain et sauf à destination. Des repris de justice, des meurtriers et des bandits de toutes sortes, traqués par les *cavaligeri*, — maréchaussée de la Sardaigne, — se réfugiaient dans cet endroit et se mettaient ainsi à l'abri de toute poursuite.

La grotte principalement servait d'asile à des bandits célèbres nommés Pepe Bonu de Bonorva, Rosas de Pozzomaggiore, Balthazar Carbone et les frères Liperi de Villanova-Monteleone. Ces hommes, d'un caractère chevaleresque comme le plus noble des Hidalgos de toutes les Castilles, d'un courage extraordinaire et d'une audace merveilleuse, aimaient beaucoup le marquis don Francesco Maria de Boyl, grand propriétaire de ce district et de Milis. Lorsque le marquis allait à Putifigari, ils se rendirent bien des fois auprès de lui pour le prier de demander leur grâce au roi Charles-Albert. Sa personne et ses propriétés étaient inviolables et malheur à celui qui ne les aurait pas respectées, il aurait payé de sa vie toute atteinte aux propriétés ou à la personne du marquis.

Chacun de ces bandits avait un chien d'une taille colossale, appartenant à cette race particulière à la Sardaigne dont j'ai déjà parlé. Ces chiens leur servaient de sentinelle et de défenseur tout à la fois; aussi, nul ne pouvait traverser le dangereux ravin sans la permission de Pepe Bonu et de ses camarades. Les chiens avertissaient leurs maîtres au moindre bruit qu'ils entendaient, au moindre visage qu'ils apercevaient, et les maîtres contenaient leurs chiens, toujours prêts à dévorer quelqu'un ou quelque chose.

Pepe Bonu et son frère étaient de riches citoyens de Bonorva. Ils demeuraient à côté d'une famille du nom de Pio, également riche et respectée. De nombreuses relations d'amitié lièrent ces deux familles jusqu'au mariage du fils aîné de Pio. Pepe Bonu fut même prié d'être le parrain du premier enfant du nouveau marié : ce fut avec plaisir qu'il accepta cet honneur. Mais le jour du baptême arrivé, les deux frères ne furent invités ni à la cérémonie, ni au repas splendide qui devait la suivre. On n'a jamais pu connaître les raisons qui motivèrent cette proscription insultante, après une si longue amitié.

Pendant le festin qui suivit le baptême, un homme entra brusquement dans la salle, la figure cachée par le capuchon de son *capotu*, alla droit à Pio le chef de la famille, le tua d'un coup de poignard au cœur, et, profitant de la stupeur générale, il se retira sans proférer une seule parole.

Les soupçons tombèrent sur le frère de Pepe Bonu qui fut arrêté comme coupable de ce meurtre, conduit à Cagliari, jugé et condamné à mort. Le jour de son exécution, Pepe Bonu et son fils ou neveu, âgé de vingt-quatre ans, assassinèrent quatre membres de la famille Pio et partirent pour la montagne. Pendant quinze ans ils vécurent de leurs exploits et

devinrent la terreur des pays environnants. Maintes
fois, la force armée tenta de les surprendre ou de
les déloger de leur terrible repaire; mais, avertis
par leurs chiens, on les trouvait toujours debout,
faisant mordre la poussière à ceux qui s'appro-
chaient; chaque balle tirée par ces bandits traversait
le cœur d'un soldat. On dut renoncer à l'espoir de
les saisir.

Le comte de Montiglo, étant devenu vice-roi de la
Sardaigne, mit à prix la tête de Pepe Bonu; il offrit
dix mille francs à celui qui le mettrait, mort ou vivant, entre les mains de l'autorité ou bien le pardon au bandit qui le livrerait. Seul, un bandit pouvait le frapper. Ce fut son compagnon Rosas de
Pozzomaggiore qui le tua à la fin d'un repas qu'ils
prirent ensemble.

Tio, c'est-à-dire l'oncle Balthazar Carbone, comme
on l'appelait, était un beau vieillard lorsque je l'ai
connu; il avait le corps solide, les yeux vifs, l'air bon
et même candide. En voyant pour la première fois à
Villanova-Monteleone ses cheveux blancs et sa belle
figure patriarcale, je n'aurais jamais soupçonné qu'il
y avait là-dessous l'étoffe d'un homme, trouant avec
facilité la peau d'un ennemi, par une balle ou par un
coup de poignard. Voici comment l'oncle Balthazar
se fit bandit malgré lui.

Un cavalier habillé de peau, le poignard à la
ceinture, le fusil sur le dos, rejoignit un jour mon

oncle Daniel qui se rendait d'Alghero à Villanova.
Les deux voyageurs se trouvaient alors à la montée
de l'Iscalamala, — la mauvaise échelle. — Jamais nom ne fut aussi bien donné que celui-là, à ce
petit sentier étroit, tortueux qui grimpe péniblement
au bord de la mer les premiers mamelons du Monteleone.

Je me rappelle surtout d'un passage où la montagne était presque à pic; mon cheval escaladait
comme une chèvre, mais avec peine, cette « mauvaise échelle, » mal plantée contre le roc; le moindre faux pas m'aurait fait rouler deux cents mètres
sur les roches aiguës, avant de me précipiter dans la
mer. Le sentier, était coupé par-ci, par-là, par des
centaines de fissures et de rigoles, et sans des racines
qui comblaient en partie ces rigoles et ces fissures,
je serais depuis vingt-cinq ans dans l'autre monde.
Une rencontre à l'Iscalamala est donc toujours une
chose inquiétante, un homme peut si facilement se
défaire d'un autre homme dans cet endroit, sans
que la justice sache si la mort du voyageur doit être
attribuée à un accident ou à la malveillance.

— Où alllez-vous? dit à mon oncle l'homme aux
habits de peau.

— Je vais à Villanova visiter mes *tancas* de
liége.

— Ah! c'est vous qui êtes le Français d'Alghero,
soyez le bienvenu. J'ai dans cette région quatre-

vingt-dix-neuf amis, vous serez le centième, si vous voulez.

— Merci, mille fois merci de votre offre obligeante; j'accepte de grand cœur, car dans ce pays on n'a jamais trop d'amis. Puisque vous êtes si complaisant pour moi, je vous avouerai franchement que je ne suis encore jamais allé dans ce village et je ne sais si j'y trouverai une auberge pour m'y installer.

— Oui, oui, soyez tranquille, je vous accompagnerai. »

A l'entrée de Villanova, l'homme aux habits de peau siffla d'une manière particulière avec un petit sifflet qu'il tira de sa poche et porta à sa bouche. Aussitôt deux hommes, paraissant sortir de dessous terre, arrêtèrent le cheval de mon oncle et le prièrent de descendre.

« Permettez-moi de vous offrir l'hospitalité, lui dit en ce moment son compagnon de route, quand un homme a serré la main de Balthazar Carbone, sa bourse et sa vie sont sacrées, personne ne peut y toucher; ma maison doit être la sienne. »

Mon oncle fut, en effet, très-bien traité par Balthazar Carbone, — car c'était lui; — non-seulement il lui donna sa meilleure chambre, lui fournit sa table de ce qu'il y avait de mieux dans le pays, mais encore il se mit à sa disposition, ainsi que sa famille et ses amis pour tout ce dont il pouvait avoir besoin.

Dieu sait combien est précieux en Sardaigne l'amitié d'un bandit !

Après le repas du soir, Balthazar prit la parole et dit :

« Puisque vous êtes allé à Putifigari, vous avez, sans doute, entendu parler de Pepe Bonu de Bonorva? Eh bien, tel que vous me voyez, j'ai « servi » trois ans sous ses ordres. Voici à quelle occasion. Un matin, avant le jour, deux de mes bergers vinrent tout épouvantés à la maison en me criant que c'en était fait d'eux.

— Et pourquoi, s'il vous plaît, leur répondis-je, ne suis-je pas là?

— Ah! maître, on vous a tué cinq juments, neuf vaches et cent cinquante moutons.

— Ah! ah ! c'est comme cela qu'ils y vont! Silence, n'en dites rien à personne; je connais mes ennemis et je sais ce que je dois faire, leur dis-je, sans froncer le sourcil. »

Aussitôt, je donnai des ordres pour que ces animaux fussent écorchés immédiatement et la viande distribuée à tous les habitants du village. Dans la journée, je m'entretins avec plusieurs de mes parents disposés à me soutenir dans une affaire aussi dangereuse et je ne fis aucune dénonciation à la justice.

Ayant appris que les individus que je soupçonnais devaient venir coucher à Villanova, j'allai le

soir, vers la nuit tombante, me porter avec un des
miens sur le chemin par où ils devaient passer. Il
ne vint personne. Mon attente fut vaine pendant
trois nuits. Dans le village, on s'étonnait déjà de
mon silence et de mon impassibilité ; mais ceux qui
me connaissaient savaient que ce calme apparent ca-
chait une vengeance terrible. La quatrième nuit
j'étais au poste comme les trois nuits précédentes.
Vers onze heures du soir j'entendis les pas de deux
chevaux.

« Ils sont là, dis-je à mon compagnon, attention
et courage. »

Deux cavaliers passèrent ; je fis feu ; un cadavre
tomba sur le sol. L'autre cavalier voulut rebrousser
chemin, mais, m'étant aussitôt emparé du fusil de
mon parent qui n'avait pas tiré, je me mis au milieu de la route et lui criai :

« Malheureux ! tu as voulu me ruiner, tu vas
mourir.

— Grâce ! s'écria-t-il, c'est celui que vous avez
tué qui a tout fait, moi, je ne suis pas coupable.

— Tu mens ; un homme seul ne pouvait faire autant de mal en aussi peu de temps, meurs donc
comme un chien. »

Mon fusil partit et le cavalier tomba mort auprès
de son complice. Je me rendis ensuite avec mon parent à la Fontaine des Bandits, pour me soustraire
à la poursuite de la justice. Je trouvai Pepe Bonu

et ses camarades qui m'accueillirent avec joie. Nous restâmes trois ans en compagnie de cet homme redoutable et de ses enfants, comme il nous appelait tous. Au bout de ces trois années, ma femme, aidée d'un avocat célèbre de Sassari, avait étouffé cette affaire, et, personne n'ayant pu donner des preuves de ma culpabilité, je rentrai dans mon village et dans ma famille.

Les bandits sardes vivent, mais ne s'enrichissent pas de leur métier; le banditisme, en Sardaigne, n'est pas un métier comme dans les Calabres, les Romagnes et le Mexique, c'est une carrière forcée, une conséquence de la *vendetta*. Il est certainement une plaie du pays, mais une plaie qui trouve souvent son explication dans la vénalité de la justice, comme je l'ai déjà dit, et qui fait moins de mal que n'en font les juges, les avocats et les médecins.

Les juges s'occupent beaucoup plus à s'enrichir de leurs fonctions qu'à rendre justice à ceux qui ont le malheur de recourir aux tribunaux pour faire triompher leurs droits. Je me souviens d'avoir connu un certain comte de P., qui n'avait pour tout bien que ses vieux parchemins de Sienne, d'où il tirait son origine. Sa vieille noblesse lui valut une nomination de juge à Alghero. En moins de cinq ans, il avait amassé, grâce à sa charge, une assez belle fortune pour lui permettre de vivre de ses rentes. Quoique bonhomme au fond, il pressurait les plaideurs qui s'adressaient à lui, et donnait toujours gain de cause à celui qui le payait le mieux. Il agissait ainsi, disait-il, pour ne pas discréditer ses collègues qui ne jugeaient pas autrement qu'en faveur des plus gros sacs d'écus.

Il n'est donc pas étonnant, qu'avec de pareils magistrats, les Sardes préfèrent s'administrer promptement la justice eux-mêmes que d'aller se ruiner par des procès interminables, dont ils ne sauraient attendre aucun bon résultat si leurs adversaires sont plus riches ou plus généreux. Malheureusement cette justice expéditive se fait, en général, à coups de fusil ou de poignard, et de là viennent ces éternelles inimitiés et ces nombreux bandits qui désolent une grande partie des régions montagneuses de la Sardaigne.

XV

D'Alghero à Villanova. — Improvisations poétiques de mon guide.
— Un village excentrique. — Un hôtel comme on en voit peu.
— Lits monstres. — Innocence comme on n'en voit plus. — Un
feu d'artifice en plein jour.

Quand j'allai pour la première fois d'Alghero à Villanova de Monteleone, j'avais pour guide un certain Antonio qui, tout en chevauchant, improvisait des couplets en mon honneur. Sa voix forte et belle, quoique un peu nasillarde, faisait résonner les échos de la route et m'impressionnait d'autant plus que la nature offrait ce soir un de ces spectacles grandioses, indescriptibles et rares, même sous les tropiques.

La langue sarde avec ses mots grecs, latins, espagnols et italiens, est agréable et mélodieuse à l'oreille comme aucune langue; ses sons ont une douceur, une suavité qui feraient paraître l'espagnol et l'italien barbares à côté d'elle, si ces langues étaient moins harmonieuses.

Nous suivions tous les deux un petit sentier qui se faufilait d'abord à travers des jardins d'oliviers et d'orangers, puis descendait sur le rivage, avant de gravir des rochers de marbre et de porphyre, qui servaient de contre-forts à la chaîne de montagnes que nous devions escalader pour atteindre Villanova. A l'occident, on voyait de gros nuages noirs entourer le soleil couchant comme une couronne de crêpe bordée de pourpre; les flots de la mer rougissaient comme du sang et brillaient aux derniers feux du jour comme un océan d'escarboucles. Des aigles s'élevaient lentement dans l'espace en décrivant d'immenses spirales. En face de nous, les montagnes tapissées de lentisques et de palmiers nains se dessinaient bleuâtres et sombres sur un ciel de saphir. Les oliviers protégeaient de leurs grands bras secs et peu touffus des champs de fèves et de lin en fleurs. Quelques palmiers solitaires balançaient mollement leurs panaches dans le vide, en poussant des plaintes langoureuses. Les oiseaux se cachaient dans le feuillage embaumé des orangers et gazouillaient leurs chants du soir.

Des lézards verts et dorés, des belettes et des scarabées couleur d'arc-en-ciel, traversaient tranquillement le sentier et disparaissaient ensuite sous des

touffes d'absinthe. Une chouette poussait par inter-
valles réguliers son cri lugubre dans le trou d'un
cèdre. Les vagues, en mourant sur les rochers ou
sur le sable de la grève, gémissaient comme une
vierge géante, dont le cœur est abreuvé d'une
grande souffrance. Ces voix, ces lueurs, ces ombres
plongèrent mon âme dans une profonde rêverie.

Antonio venait de terminer son improvisation sur
la couleur de mes cheveux, sur l'éclat de mes yeux
et toutes les qualités physiques et morales qu'il me
supposait. Il regarda le magnifique tableau qui se
présentait à nos regards; il soupira; puis, d'une voix
triste, il chanta les vers suivants, qu'il improvisait
en regardant le ciel, la mer et la solitude. Jeune,
aimant et beau, il aimait sans espoir; car il était
pauvre, et l'objet de son amour avait de la fortune.
Il espérait obtenir en peu de temps une honnête aisance, grâce au métier de *viandante*, c'est-à-dire de
guide ou conducteur. Pour cela il vendit ses brebis,
car il avait été berger, et s'acheta des chevaux qu'il
louait aux voyageurs. Les idylles, parmi les Sardes
de la campagne, ont quelque chose de noble et de
touchant que les pays civilisés connaissent rarement.

Voici les vers improvisés par mon guide :

Perdidu happo s'allegria,
Sa turture m'est fuida,

Ma demi si lazio bida
Hoi sa turture mia.
Passizeri aventuradu,
Qu'attraessas de continu,
Nara s'in calqu caminu.
Sa turture has incontradu,
Si de me hat preguntadu,
In su cantu, in s'harmonia?

E si pro qualqui azzidente
Tue non la cosnosqueras,
Iscas qu'hat bellas maneras;
Est amabile et avenente;
Hat oju bellu e ridente;
Singulare in symphonia.
Sos modos sunt obligantes,
Amorosos, inflamantes;
Sas pinnas gighet lampantes
Qui meritat ipsa etbia.

Tenet boghe lastimosa,
Qui penetrat in su coro;
Su collana pare de oro.
Fatta in totu est hermosa.
Sus colores hat de rosa,
Suave in sa melodia,
Solet frequent habitare
In sos montes pius altos;
Leat bolos ispicat saltos
Ma si firmat a cantare,
Fit turture singolare
Cando in domo la tenia.

Como s'accasu l'agatas,

Narabili a nomen meu
Qui no hapu più recreu.
Sas dias mias sunt fattas,
Ipsa vivente in sas mattas,
Et eo so in agonia.
Li podes narrar ancora
Qui de ipsa mind'amento
Prite m'hat lassadu sento
Misero innantis de s'hora.
Fit turture ingannadora
Su qui mai lo creia.

E si pro cust'imbasciada
Si disponet a torrare,
Li podes assegurare
Qui det esser sempre amada;
E de s'esser iscapada
Garrighu fagher non dia.
Risposta tanta importante
De si o pure de no
Ixpectande amigu so
In astu logu costante,
De ipsa zegu amante,
Nde morzo si no est abia.

TRADUCTION.

Ma gaieté je l'ai perdue
Car, ma tourterelle a fui.
Oh! dis-moi si tu l'as vue,
Prends pitié de mon ennui!
Bon voyageur qui m'écoutes,
Dis-moi, si sur quelques routes

Elle s'est montrée à toi?
Dis-moi si ma tourterelle,
Autrefois, tendre et fidèle
Ne t'a pas parlé de moi?

Si par hasard, ô mon maître,
Tu ne la connaissais pas,
Apprends que jamais peut-être
Colombe n'eut plus d'appas.
Apprends comme elle est gentille :
D'un pur éclat son œil brille
Sa voix a des notes d'or.
Rien surtout, rien ne surpasse
Ses mouvements pleins de grâce;
Son plumage et son trésor.

Dès qu'on entend l'harmonie
De son chant toujours vainqueur,
Une langueur infinie
Pénètre l'âme et le cœur.
La rose n'est pas plus belle
Que ma chère tourterelle
Objet constant de mes pleurs.
Elle habite la montagne
Elle n'est plus ma compagne....
Prends pitié de mes douleurs.

Si Dieu veut que tu la voies,
Dis-lui soudain en mon nom
Qu'avec elle, hélas! mes joies
Ont déserté ma maison.
Tandis qu'à travers le monde
De son aile vagabonde
Sans cesse il lui plaît d'errer,

Dis à l'ingrate colombe
Qu'on creuse déjà la tombe
Où l'on songe à m'enterrer.

Si ton heureuse ambassade
Réussit à l'attendrir,
Si vers un ami malade
Tu la vois prête à courir,
Sans la blesser d'une injure,
Sans la traiter de parjure
Dis, qu'elle aurait son pardon ?
Qu'elle revienne alors vite
Pendant que mon cœur palpite
Consoler mon abandon !

Il est inutile d'ajouter ici que la traduction rend très-imparfaitement l'harmonie, la poétique langueur et l'originalité primitive des expressions de ce chant. Rien ne saurait, en effet, peindre la grâce et la mélancolique poésie de l'original dans l'idiome sarde. En fait d'improvisations, je suis tenté de croire que les Sardes surpassent toutes les nations européennes par la richesse du vers et le charme du style imagé, qui donnent à leurs compositions un caractère oriental, gracieux et vraiment admirable.

J'écoutais Antonio avec un cœur ému ; j'aurais voulu lui donner une fortune pour lui faire retrouver sa tourterelle, car je ne connais aucun plaisir égal à celui de jouer sur terre le rôle de la Providence. Mais dame Fortune ne m'a jamais accordé la moindre faveur; elle m'a toujours témoigné une profonde antipathie et n'a jamais eu la politesse de m'envoyer, même par la poste, la plus petite carte de visite. Je dus donc me borner à complimenter mon guide sur ses talents d'improvisateur. Nous causâmes tout le long du chemin de ses projets et de ses faibles espérances, et nous n'arrivâmes à Villanova que longtemps après la tombée de la nuit.

Villanova est un village très-pittoresque et fort malpropre. La malpropreté, du reste, est une spécialité de tous les pays méridionaux, c'est-à-dire de ceux qui devraient, par mesure hygiénique, faire la plus grande consommation de balais, d'eau et de savon.

En France, en Italie, en Espagne, en Orient, en Amérique, les grandes chaleurs poussent à la paresse, à la crasse, aux immondices, aux puces, justement dans les endroits qui nécessiteraient le plus de soins et de propreté.

A la rigueur, on pourrait excuser Villanova d'avoir oublié les travaux de voierie dans son budget de dépenses; ce n'est pas un village, mais un casse-cou. Il est excentriquement bâti sur une haute montagne dont les arêtes irrégulières et rocheuses percent de tous les côtés la couche légère de terre labourable qui la recouvre. Les habitations sont éparpillées à droite et à gauche avec un désordre des plus bi-

zarres ; les rues font mille contorsions insensées, des
zig-zag d'homme ivre ; elles ont l'air d'un vieil escalier en colimaçon, défoncé par le temps.

Les maisons sont tellement basses que je faillis
me casser la tête contre les toits en rendant mes vi-
sites. Les portes sont juste assez grandes pour laisser passer un cheval d'une taille au-dessous de la
moyenne. Le cheval, on le sait, est pour le Sarde ce
qu'il est pour le Mexicain, un compagnon inséparable ; aussi dit-on que la Sardaigne est le paradis des
femmes, le purgatoire des hommes et l'enfer des
chevaux.

L'hôtel de Villanova où j'allais me reposer se
composait de deux chambres. Dans l'une se trouvaient quatre chevaux et une demi-douzaine de
paysans endormis et couchés à terre. Dans l'autre,
il y avait deux lits énormes, une petite table boi-
teuse et très-basse, deux chaises, un « brasero » sur
lequel grillaient six sardines qui me servirent de
dîner, avec du lait de brebis qu'on m'apporta dans
un grand baquet. Un moulin à moudre le blé et un
âne, pour tourner la meule, complétaient cet
étrange mobilier. Les deux lits prenaient la moitié
de la chambre ; l'âne et le moulin occupaient l'autre
moitié. La table, les chaises et le brasero étaient au
milieu de la pièce.

Quand j'eus fini mon frugal repas, je me couchai
dans le lit de droite, réservé aux étrangers. Quatre

ou cinq personnes pouvaient y dormir à leur aise sans se toucher ni s'entendre ronfler.

Vers les dix heures du soir, la nombreuse famille du propriétaire de l'hôtel se coucha tout entière dans le lit de gauche. Cette famille se composait d'un vieillard à cheveux blancs, d'une vieille femme desséchée comme une momie d'Égypte, du maître de la maison, de sa femme et de six enfants des deux sexes de cinq à quinze ans. Toute cette fourmilière humaine se plaça dans ce vaste lit, les uns à la tête et les autres au pied, dans le costume qu'ils avaient en venant au monde. Ils n'avaient pour se couvrir ni bonnet de nuit, ni jarretière, ni feuille de vigne.

Comme c'était la première fois que j'assistais à pareille scène d'intérieur, elle me parut un peu.... décolletée. Plus tard, je m'aperçus que le sentiment de la pudeur n'est pas le même en Sardaigne que chez nous. La simplicité primitive des Sardes, jointe aux influences climatériques, les affranchit de ces lois de convention inspirées par la pruderie des nations civilisées et de leurs vices. En Sardaigne, comme parmi certaines peuplades de l'Amérique, l'innocence sert souvent de voile et de tunique à bien des êtres peu vêtus, mais non moins vertueux que ne le sont les peuples les plus habillés et les plus collet-montés du monde.

Je me rappelle, à ce sujet, que mon père, ancien capitaine d'artillerie et d'un âge assez avancé, s'étant égaré dans les montagnes de la Nurra, par un temps d'orage, mouillé jusqu'aux os et grelottant de froid, frappa à la porte d'une cabane de berger pour y demander l'hospitalité. Une jeune fille de seize à dix-huit ans vint lui ouvrir la porte et lui souhaita la bienvenue; son père et sa sœur arrivèrent ensuite, allumèrent un grand feu pour réchauffer leur hôte et lui préparèrent un modeste repas.

Cette famille était très-pauvre, veuve de la maîtresse de maison, et n'avait qu'un lit trop étroit pour contenir quatre personnes. Quand vint l'heure de se coucher, le père étendit sur le sol un matelas pour le voyageur égaré, l'unique matelas qu'il possédait, et, n'ayant pas de couvertures, les jeunes filles se déshabillèrent et couvrirent le capitaine de leurs vêtements. Ceci fut fait avec tant de naturel et de charité, que mon père en versa des larmes d'attendrissement; jamais il n'avait rencontré dans sa longue carrière autant de candeur et d'innocence. Le lendemain on lui donna la moitié d'une vache qu'on avait tuée la veille et des fromages de brebis; il dut louer un cheval pour emporter ces provisions généreusement imposées, et qu'il ne pouvait payer sans insulter mortellement les donateurs.

Il faut bien l'avouer aussi, tout cela se passait sous le règne du bon roi Charles-Albert. Depuis ce temps le « progrès, » la politique et les lois nouvelles ont modifié bien des choses en Sardaigne. Les usages antiques ne se sont pas perdus, mais résisteront-ils longtemps encore aux conséquences de la conscription introduite dans l'île sous le nouveau régime? Les denrées et les impositions ont quadruplé de prix; le commerce ne s'est guère développé; les routes ne se sont point multipliées; la misère n'est pas amoindrie, mais comme compensation au régime du « bon vieux temps, » les Sardes ont acquis le privilége de voter, de nommer leurs candidats à la députation.

En 1858, j'entendis bien des gens regretter le régime paternel du roi Charles-Albert et maudire M. de Cavour. La transition d'un système à un autre engendre toujours des mécontentements et froisse souvent des intérêts sérieux. J'ai tout lieu de croire qu'aujourd'hui le gouvernement italien trouve plus de sympathie que d'opposition en Sardaigne; l'ignorance et les abus faisaient trop de victimes autrefois, le gouvernement de Victor-Emmanuel tend à les faire disparaître et ses efforts seront incontestablement appéciés des Sardes.

On ne s'imagine pas dans les hautes sphères de la société combien les classes populaires, à l'étranger comme en France, sont antipathiques à toutes les réformes qui se font en leur nom. Il est vrai que ces réformes se traduisent généralement par une augmentation de l'impôt, et que le développement des libertés communales, quand il existe, est purement platonique ; il profite peu au peuple. Les libertés elles-mêmes, lorsqu'elles ne sont pas une charge, un privilége inutile, sont très-souvent une compensation plutôt onéreuse que productive, au retrait de l'ancien droit coutumier auquel le peuple était habitué.

Puis, pourquoi se le dissimuler? Le régime représentatif et constitutionnel est encore très-jeune sur le continent. Les députés, comme les juges en Sardaigne, s'occupent plus de leurs intérêts que de ceux de leurs mandataires, et ne sont pas forts dans les questions économiques. Comme les voyageurs en chambre, ils ont des théories de cabinet dont l'application pratique serait plus désastreuse qu'utile aux administrés. Pour tout bagage politique ils ont des idées de clocher, des sentiments personnels, des convictions d'emprunt qui se modifient à chaque lune, si fréquemment renouvelée dans l'almanach de l'égoïsme, de l'ambition ou des faiblesses de la politique du jour. L'entêtement, l'aveuglement, la petitesse d'esprit, la nullité, l'individualisme domineront trop encore dans les assemblées nationales du continent, pour que les peuples n'aient plus à souffrir des réformes opérées et de celles qui s'opèrent ou s'opéreront dans leur nouvelle organisation sociale.

En Italie, il y a des éléments admirables et robustes d'une civillisation parfaite ; mais ils ont besoin d'être réunis, développés, purifiés de bien des choses, pour arriver à cette unité vigoureuse, calme comme la force, à cette grandeur véritable, modeste comme la puissance, qui feront de ce royaume un des plus beaux types de la résurrection des races latines.

Si je faisais ainsi de la politique dans mon lit, c'est qu'il m'était impossible de dormir, grâce à une multitude inouïe d'insectes de tous genres qui me torturaient en mille endroits, à la fois. On dit que lorsque M. de Montalembert fit sa première visite à Rome, il ne parlait que des myriades de puces qui le dévoraient du matin au soir, du soir au matin et l'empêchaient de jouir des splendeurs de la ville éternelle. Rome n'est rien sous ce rapport, en comparaison de la Sardaigne ; à la fin de l'été ces insectes rendent l'île inhabitable aux étrangers.

Aussi, ne pouvant dormir je me levai avec l'aurore et j'allai présenter mes hommages au curé de Villonova. Ce brave homme ne savait pas un mot de latin ; son instruction était à la hauteur de celle du P. Solaris, et comme lui, ses paroissiens l'aimaient et le vénéraient sincèrement.

A mon retour de chez le curé de Villanova je fus témoin d'une scène dramatico-comique qui me donna une singulière idée de la simplicité des Sardes, simplicité qui n'existe pas en matière d'intérêt, car un proverbe dit avec raison : « Il faut trois juifs pour tromper un Génois, et trois Génois pour tromper un Sarde. »

On était en train de faire sur une place du village les préparatifs nécessaires pour un feu d'artifice qu'on devait tirer dans la soirée. Les flammes de Bengale, les fusées, les pétards, les moulinets, les pièces montées venaient d'arriver et encombraient la place. Je ne sais si c'était la première fois que Villanova devait jouir d'un pareil spectacle, mais ce qu'il y a de certain, c'est que toute la population, hommes, femmes, enfants, regardaient, touchaient à tout, avec cette curiosité naïve, inquiète, enfantine qui ne doute de rien et gêne toujours.

L'artificier ennuyé et ne pouvant dresser ses perches et ses échafaudages eut la bonne idée de se débarrasser de la foule qui se trouvait à terre, isolée. La fusée partit horizontalement, mit le feu à d'autres pièces d'artifices qui le propagèrent aux autres. En un instant la place fut en feu, les pétards faisaient un bruit effroyable, les moulinets tournaient sur eux-mêmes, les fusées partaient dans tous les sens et répandirent l'épouvante parmi tous les spectateurs. Les uns se sauvaient de toute la vitesse de leurs jambes; les autres se couchaient à plat ventre pour ne pas être attrapés et brûlés, d'autres tombaient et s'empilaient sur ceux-là; tous criaient en se sauvant, se culbutant, s'empilant; partout on n'entendait que des cris de terreur poussés par les fuyards et par ceux qu'étouffaient les gens qui leur tombaient dessus.

En somme, quand tout fut fini, il n'y eut pas beaucoup de blessés, de brûlés, ou d'étouffés; mais ce
feu d'artifice horizontal, en plein jour, avait ému la
population et produisit certainement plus d'effet
qu'il n'en aurait produit le soir. Quant à moi, qui me
trouvais assez prêt pour tout voir, assez loin pour
ne pas être bousculé par la foule ou brûlé par le feu,
j'avoue que jamais feu d'artifice ne m'a tant....
impressionné que celui de Villanova.

XVI

Intelligente décision du conseil municipal de Villanova. — Rites funèbres du paganisme sarde. — L'*Attito*. — Les pleureuses. — Anecdotes. — Repas funèbres. — La tarte, les fèves et les œufs. — Les œufs de Pâques; la lune de miel et la lune rousse.

En racontant l'anecdote qui va suivre, je n'ai point l'intention de plaisanter aux dépens du conseil municipal de Villanova ; nous voyons trop souvent en Europe, des conseils, plus importants que celui-là, donner des décisions marquées du sceau d'une intelligence non moins remarquable, je veux seulement raconter un fait qui me servira d'introduction à la matière de ce dernier chapitre.

Le conseil municipal de Villanova ayant un jour décidé dans sa haute sagesse l'érection d'un nouveau cimetière, fit construire, sur un terrain communal, d'immenses murs ayant la forme d'un carré long.

Cette construction prit naturellement beaucoup de temps et d'argent. Quand les murs furent achevés et le champ de mort béni, un boulanger mourut à point pour l'étrenner, le lendemain de mon arrivée dans le village.

Les funérailles se firent avec les solennités accoutumées, et tout alla à merveille jusqu'au moment de la sépulture. Le fossoyeur était en devoir de creuser une tombe, mais partout où sa pioche frappait, elle résonnait comme sur du marbre. Au bout d'une heure d'essais infructueux il s'aperçut enfin que les murs n'entouraient qu'un champ de granit. Il fallut donc employer la poudre et la mine pour creuser une tombe; ce moyen, aussi long que coûteux, fut jugé impraticable et le corps du boulanger, en attendant l'érection d'un troisième cimetière, dut être enterré dans l'ancien, au grand désappointement de sa famille et de ses amis.

Parmi les coutumes que les Sardes tiennent du paganisme, ils n'en ont peut-être conservé aucune aussi religieusement que celles qui président aux cérémonies funèbres. En Irlande et dans d'autres pays encore primitifs, j'ai vu des « pleureuses » salariées, pleurant et chantant les louanges du défunt, mais nulle part cette institution païenne ne porte, comme en Sardaigne, le cachet de cette douleur navrante qui s'attache au spectacle d'un dernier adieu sur les bords de la tombe.

A la mort d'un de leurs parents, les Sardes nous présentent le tableau de l'apogée du désespoir, avec ses déchirements et ses folies comme les natures vierges savent seules les exprimer. Il faut recourir aux récits homériques et bibliques pour retrouver de pareilles scènes.

La douleur d'Ésaü quand il apprend qu'Isaac a béni Jacob à sa place[1]; celle de Jacob à la vue de la tunique ensanglantée de son fils Joseph[2]; les lamentations de David en apprenant la mort d'Absalon; celle d'Achille sur la perte de Patrocle[3], sont exprimées d'une manière aussi bruyante, aussi emphatique et de la même façon qu'elles le sont encore de nos jours dans presque tous les villages de la Sardaigne.

Bien entendu, je ne parle pas ici des cérémonies de l'Église. Pour les enterrements comme pour les mariages, on voit deux cérémonies bien distinctes : celles que j'appellerais nationales, civiles, particulières aux mœurs du peuple, et celles qui se font à l'église. Ces dernières sont les mêmes pour toutes les nations catholiques du globe.

Au moment de l'agonie, les parents se réunissent

1. Irugiit clamore magno.... cumque ejulatu magno fleret. (Gen., XXVII, 34, 38.)

2. Scissisque vestibus indutus est cilicio, lugens filium suum multo tempore. (Gen., XXXVII, 34, 35.)

3. Iliade, XVIII.

autour du moribond ; à sa mort, la mère ferme les
yeux à son fils, la femme à son mari, la fille à sa
mère, d'après une coutume rappelée par Homère
quand Laerte ne reconnaissant pas Ulysse, lui dit :
« L'infortuné! loin de ses amis et de sa terre paternelle, les poissons l'ont dévoré, ou il a été sur la
terre la proie des oiseaux et des bétes farouches ;
sa mère ne l'a point pleuré après l'avoir enseveli,
ni moi qui l'ai engendré. Son attrayante épouse, la
sage Pénélope, *n'a point fermé ses yeux* et n'a point
baigné de larmes sa couche funèbre, car telle est la
récompense des morts. » (Odyss., XXIV.)

Lorsque l'âme d'un Sarde s'est envolée vers son
souverain juge, on dépose sa dépouille mortelle au
milieu d'une chambre, le visage découvert et les
pieds tournés du côté de la porte, comme pour le
préparer au grand voyage de l'éternité. Cet usage
de tourner les pieds du défunt du côté de la porte
de sortie se retrouve sur les tombeaux étrusques de
Cere, de Tarquinia, de Chiusi, de Vulci, dans les
nécropoles égyptiennes, et parmi les Pélagiens.
Dans le texte grec, Achille invité par Agamemnon
à prendre un peu de nourriture, répond en faisant
allusion à la mort de Patrocle : « Il sera temps de
préparer des mets abondants, après le coucher du
soleil, quand nous aurons vengé nos injures. Jus-
que-là nul breuvage, nul aliment ne franchiront
mes lèvres ; car mon compagnon chéri, cruellement

meurtri par l'airain, gît étendu sous ma tente, *les pieds tournés vers la sortie.* » (Iliade, XIX.)

Le défunt est peigné, pommadé, vêtu d'une sorte de tunique blanche qui lui descend jusqu'aux pieds et couché sur un lit funèbre, recouvert d'un linceul qui tombe jusqu'à terre. Les parents, les amis et les « pleureuses » vêtues d'un long manteau noir, — le même costume que portaient les pleureuses romaines, et surtout celles de l'Étrurie, — entrent dans la chambre mortuaire en silence et paraissent ignorer le trépas du défunt. Mais à la vue du cadavre elles poussent des cris de surprise et se livrent à toutes les apparences du plus violent désespoir. Elles battent des mains, rejettent leur manteau derrière les épaules, frappent du front contre la terre, s'arrachent les cheveux, déchirent leur mouchoir avec les dents, hurlent d'une manière effrayante, se lamentent et répandent des torrents de larmes.

Après avoir bien pleuré, poussé des cris et s'être arraché bien des cheveux, il se fait un nouveau silence pendant lequel ces femmes remettent un peu d'ordre dans leur toilette, joignent les mains, s'assoient à terre à la mode orientale, ou bien sur des bancs ou sur des chaises, se calment un peu sans cesser d'avoir les yeux fixés sur le cadavre. Alors une des pleureuses se lève, son regard s'anime, ses yeux brillent d'un éclat extraordinaire, ses joues se colorent, puis elle improvise des strophes en l'honneur du défunt. A la fin de chaque strophe qu'elle déclame sur un ton lugubre et larmoyant, plutôt qu'elle ne chante, ses compagnes répondent en chœur et crient en cadence : Ahi ! ahi ! ahi ! exclamations, que répète, comme un écho, toute l'assemblée.

Les voix, l'expression, le style et les pauses de cette oraison funèbre varient selon les circonstances, l'âge, la vie, le rang et la qualité du défunt. Lorsque c'est une fille, ce récitatif rhythmé est empreint de tendresse et d'une mélancolie touchante faites pour émouvoir les cœurs les plus indifférents; la poésie, les fleurs de rhétorique les plus imagées, les plus souriantes se succèdent à chaque strophe, à chaque vers. Quand c'est un époux aimé, on n'entend, au contraire, que des paroles d'un amour passionné, des cris de rage contre la destinée qui brise en un moment la coupe de bonheur qu'on espérait boire à longs traits pendant de longues années, et des mots brûlants pour exprimer le désespoir, les tortures intérieures éprouvées par le cœur de la jeune veuve.

Lorsque c'est un chef de famille tué par un ennemi, la soif de la vengeance domine alors tout autre sentiment. La haine contre le meurtrier remplace les regrets et l'amour pour celui qui n'est plus; le désir de le venger viendrait infailliblement à la suite de ces lamentations lugubres, si ce désir n'était pas déjà trop enraciné dans la nature des Sardes.

L'improvisatrice est ordinairement la plus jeune des pleureuses; dans la Barbagia, l'Oléastra et la Gallura, il y en a de seize à dix-sept ans dont les talents poétiques et de versification sont vraiment prodigieux. Aussi, Dieu sait tout ce que ces imaginations ardentes, ces esprits en délire inspirent à de si jeunes cœurs!

Il serait inutile et fastidieux de donner ici des modèles de cette singulière éloquence; je dirai seulement que lorsque ces improvisations s'adressent à un homme assassiné, elles atteignent le sublime du sauvage; on ne retrouve de pareilles idées, des sentiments semblables, que dans les chants de guerre ou de mort des Peaux-Rouges de l'Amérique du Nord. Pour rendre le spectacle plus imposant, la chemise ensanglantée du défunt est étendue sur le lit; ses blessures sont laissées découvertes pour être mieux vues des parents et des amis; le poignard, — s'il y en a un, — est suspendu de manière à tomber sous les regards de tous.

Après cette lugubre mise en scène, l'improvisatrice commence ses sombres et poétiques strophes, plaignant le mort, faisant des éloges de ses qualités morales et physiques; puis elle s'anime, crispe les poings et commence contre le meurtrier une petite tirade dans laquelle la soif de la vengeance est si bien exprimée qu'elle s'infiltre par tous les pores dans l'auditoire, et que souvent on la satisfait sur l'heure même.

En effet, il est arrivé bien des fois que pendant cette cérémonie de l'*Attito*, c'est-à-dire des lamentations, un des parents du mort courait après l'assassin, le tuait d'un coup de poignard ou de fusil, lui enlevait le cœur et lui coupait la tête et portait au défunt ce trophée sanglant en lui disant :

« Vois, réjouis-toi, tu n'es pas seul à connaître la tombe. »

Un de ces forcenés poussa la vengeance plus loin que ne le fit Achille à l'égard d'Hector : il traîna sa victime par les pieds jusque dans sa propre maison et lui cloua les quatre membres contre la porte. Un autre fit mieux encore. Ayant quitté brusquement la chambre mortuaire où parlait encore l'improvisatrice, il courut à la forêt dans laquelle se trouvait le meurtrier en train de couper du bois; le tuer à l'improviste fut l'affaire d'un moment; puis, il le coupa en morceaux et les mit dans une double besace appelée *bertole*, que les Sardes ont toujours avec eux, à pied ou à cheval, quand ils doivent emporter quelque chose. La besace ainsi remplie fut mise sur le cheval qui retourna chez son maître. La femme de l'homme assassiné, voyant venir le cheval tout seul, le mit à l'écurie, croyant que son mari s'était attardé et allait rentrer; elle prit la besace, en sortit les morceaux de viande, dont la forme la fit tressaillir : arrivant à la tête de son mari, elle poussa un cri terrible et tomba morte sur le pavé.

Les pleureuses, en Sardaigne, ont toujours existé; elles descendent des *cantatrices* dont il est fait mention dans la Bible, et principalement à la mort de Jonas : *Jeremias maximè cujus omnes cantores atque* cantatrices *lamentationes super Josiam replicant.* (Paral., XXXV.) Homère les fait paraître également dans le palais de Priam à la mort d'Hector : « Le corps, dit-il, est placé sur une couche; auprès de lui se tiennent des chanteurs qui commencent les lamentations. Pendant qu'ils font entendre un chant mêlé de soupirs, *les femmes répondaient en gémissant.* » (Iliade, XXIV.) Dans l'Odyssée, l'ombre d'Agamemnon dit à celle d'Achille, à propos de ses funérailles : « Cependant, les filles de Nérée se tiennent autour de toi, pleurent amèrement et te couvrent de vêtements incorruptibles. Les neuf Muses *font entendre tour à tour de lugubres chants;* nul des Grecs ne peut retenir ses larmes, tant les émeut la Muse harmonieuse. » (Odyss., XXIV.)

A la mort d'Achille, ce furent les Muses qui remplirent les fonctions de pleureuses; à celle de Patrocle nous revoyons tous les détails déjà décrits au commencement de l'*Attito.* (Iliade, XIX.) Les prophètes Ézéchiel, Jérémie, la Genèse et d'autres livres de la Bible nous montrent que ces particularités étaient en usage parmi le peuple hébreu. Les peintures des vases étrusques nous prouvent aussi que les pleureuses assistaient aux funérailles dans l'Étrurie.

La généalogie du défunt, faite par l'une de ces femmes, a son corollaire dans celle des héros d'Homère et des patriarches de la Bible. Le chant des généalogies était pour les peuples primitifs un souvenir des gloires passées, dont le reflet donnait une nouvelle auréole au mort. La cérémonie de l'*Attito* est en tout point l'image des cérémonies funèbres de l'antiquité; ce qui me reste à dire le démontrera mieux encore.

La famille assiste toujours, en Sardaigne, à l'enterrement d'un de ses membres. A la sortie du cimetière, les parents et les amis rentrent dans la chambre mortuaire : les hommes s'assoient d'un côté, les femmes de l'autre, et tous attendent en silence le repas funèbre auquel ils sont conviés.

A ce repas, on mange une tarte, des fèves et des œufs, et, de temps en temps, les convives poussent des cris lamentables avant de boire et surtout de manger ces trois mets symboliques. La tarte, les fèves et les œufs étaient considérés dans l'antiquité comme consacrés aux mânes des défunts.

Sur les hypogées de l'Égypte on voit des œufs, et dans des tombeaux découverts par Champollion et Belzoni, il y en avait de pleines corbeilles. Sur les vases trouvés en Toscane dans les anciens tombeaux, et sur lesquels sont représentés les repas funèbres, les convives montrent de la main l'œuf symbolique.

Dans le panthéisme indien et les mystères babyloniens, égyptiens, syriens et phéniciens, le rite de l'œuf joue un rôle considérable. L'Astarte sidonienne, l'œuf en main, d'où sortit l'Amour, symbolisait l'âme et la vie de toutes choses. Une singulière coïncidence à faire remarquer, c'est que cette divinité, qui n'était autre que Vénus ou la Lune, était adorée jusqu'à la pleine lune comme une bonne déesse, mère de l'amour, de la jeunesse et de la beauté.

Depuis sa décroissance jusqu'à la fin du dernier quartier, elle était considérée comme une déesse méchante, cruelle, et, sous le nom d'Ecate, devenait une divinité infernale, déesse de la nuit. C'est à ce rite qu'il faut remonter pour avoir l'origine des expressions populaires : *lune de miel*, époque des premières affections d'un jeune ménage qui cède si vite sa place, pour tant de gens mariés, à la *lune rousse*, époque pendant laquelle les époux apprennent à leurs dépens ce qu'est sur terre un enfer à deux.

La Vénus de Paphos, la Junon pudique, la Cybèle syrienne, l'Iside égyptienne, étaient des cousines germaines, sinon des sœurs de l'Astarte sidonienne, dans leurs attributions; elles avaient l'œuf mystique

pour emblème, on leur en consacrait pour se les
rendre favorables. L'œuf a toujours représenté, dans
les divinités androgènes des Orientaux, la force gé-
nératrice et reproductrice active ou passive. L'im-
mortalité de l'âme, les mystères de la fécondité de
la nature, de la conception et de la production se
cachent sous ce symbole depuis quatre mille ans au
moins. En en faisant encore usage dans leurs repas
funèbres, il est heureux pour les Sardes qu'ils ignorent les grands et profonds mystères engloutis par
eux en mangeant des œufs; — ils pourraient en
prendre une indigestion.

En effet, mâcher le symbole du ciel et de la terre,
engouffrer bel et bien l'emblème de l'amour, se
mettre dans le corps la force créatrice et reproductrice de l'univers entier, leur paraîtraient des choses
monstrueuses et difficiles à digérer. Sans doute, c'est
aussi pour éviter ces indigestions de l'esprit vulgaire
des masses que l'astuce ou la sagesse des prêtres ont
caché dans des symboles les doctrines mystérieuses
de la cosmogonie, de l'âme du monde, et du panthéisme, dans lesquelles ils sont tombés, après avoir
secoué, par avarice et par orgueil, les vérités éternelles révélées aux patriarches par Dieu lui-même.

Les *œufs de Pâques* sont, à mon avis, un vestige de
cet ancien rite oriental dont je viens d'esquisser les
principaux caractères. Autrefois on mangeait, — le
jour de la résurrection de Notre-Seigneur, qui nous

appelait à une vie nouvelle de vertus et de piété, — des œufs cuits, souvent ornés de devises pieuses et de sentences morales; aujourd'hui, dans les grandes villes, ces œufs sont artificiels, d'une grandeur plus ou moins considérable, ils contiennent des présents, mais la tradition se perpétue; l'idée première peut s'effacer, mais le symbole ne s'en conserve pas moins.

Quant aux fèves consacrées aux morts, personne n'ignore que ce rite pythagoricien est d'origine égyptienne, et que l'usage de ce légume s'est répandu dans toute l'Europe. Dans la plupart des pays latins et slaves, le 2 novembre, jour de la fête de tous les morts, on fait des dons et des aumônes en argent, en fruits secs, en confiseries, et surtout en fèves. La civilisation moderne ne s'est pas encore affranchie partout de cette vieille coutume païenne, imposée par la routine.

Je ne dis rien de la tarte; on sait que Cerbère en était très-friand, et qu'il ne fallait pas espérer de visiter les enfers sans en donner une à ce molosse mal appris.

Les Sardes ne donnent pas à manger aux morts, comme le font encore les Peaux-Rouges et bien d'autres peuples; ce sont les vivants qui prennent lès repas funèbres. C'est plus naturel. La Bible nous apprend que les Hébreux avaient aussi des repas funèbres, mais ils n'y mangeaient, je crois, que du

pain cendreux, des herbes cuites et des fruits secs.
Les Babyloniens avaient l'habitude de crier comme
les Sardes à ces repas ; le livre de Baruch le dit po-
sitivement en parlant des prêtres de Bal : « *Rugiunt
clamantes contra deos suos tanquam in cœna mortui.*
(*Bar.,* VI, 31.) » Les Grecs agissaient de même,
d'après le discours tenu à Achille par Priam, qui lui
demandait de retarder l'assaut de Troie, à cause des
funérailles d'Hector. (*Iliade,* XXIV.)

Le deuil, quoique très-rigoureux, n'a rien dé particulier en Sardaigne ; le noir est la couleur qui le
représente, comme dans toutes les autres parties de
l'Europe ; seulement, les veuves de quelques provinces se couvrent la tête d'un voile en drap jaune
qui leur cache presque tout le visage. Du jaune pour
deuil ! Singulière couleur, dira-t-on ; oui, mais elle
signifie tant de choses !

Lorsque je quittai la Sardaigne, la première fois,
pour aller à Turin, parmi les pages du roi Charles-
Albert, j'étais loin de me douter que la Providence
m'enverrait chez les sauvages de l'Amérique du
Nord au lieu de me laisser entrer à la cour de Sa
Majesté ; j'étais surtout loin de me douter que je res-
terais quinze ans éloigné de cette île que j'aimais

tant et de ce peuple sarde que j'avais eu tant de plaisir à voir de près. Dans les villes, les hommes et les choses étaient, sauf quelques exceptions, peu dignes d'admiration et de sympathie; mais dans les campagnes, dans les solitudes de la Nurra, de la Gallura, des Barbagia, de l'Oleastra et du grand Campidano, je trouvais, sur cette terre, fertile comme la terre promise, des populations clair-semées, mais ardentes, sympathiques et bonnes. Des âmes fortement trempées, des vertus patriarcales, des défauts modernes, des travers respectables, de la grandeur et de la poésie partout, voilà ce que je rencontrais à chaque pas chez les paysans, chez les montagnards, les bergers, et je dirai même chez les bandits.

Il est probable que le nouveau régime, les nouvelles lois, l'unité italienne, comme un coin de fer, pénétreront dans ces solitudes pour y faire entrer ce que nous appelons *le progrès;* mais ce peuple, qui a conservé depuis trois ou quatre mille ans les usages et le costume de ses ancêtres, ne se laissera pas entamer beaucoup et de sitôt par les ciseaux de la civilisation moderne, qui veut égaliser toutes les nations du globe, leur donner le même habit, le même chapeau constitutionnel, le même langage politique, et mettre au rebut, dans les greniers des bibliothèques municipales, les traditions et les institutions nationales, les mœurs et les coutumes nationales, en un mot, tout le passé, tout ce qui a bercé, et vécu avec nos pères. Les Sardes ont-ils tort, ont-ils raison d'être rebelles à ce niveau uniforme et civilisateur? Je n'en sais rien; mais ce que je sais, c'est qu'on pourra longtemps encore aller chez eux étudier les usages antiques qui donnent tant de charmes aux vieux récits de la Bible comme à ceux d'Homère.

FIN.

TABLE DES MATIÈRES.

I. Préliminaires indispensables à la connaissance d'Ichnusa.
— Deux mots d'histoire, de géographie et de géologie.
— Boutade à propos des anciens. — But de mon voyage.   1

II. Départ de Marseille. — Porto-Torres. — La pêche au
thon. — *Viandanti.* — Sassari. — Deux mots d'histoire
communale. — Le *Rosello.* — Les champs de laitue. —
Courses dans la ville. — Procession des corps de métiers.. 15

III. La *beritta.* — Le *corytu.* — Le *colletu.* — Tireuses de
Tempio. — Costumes de femmes sardes. — Troglodytes.
— Habitations sur des myrthes...................... 29

IV. En route pour Cagliari. — Carghegbe. — Codrongianus.
— Bonorva. — Chiens de bergers et de bandits. — Ma-
comer. — Forêt d'orangers de Milis. — Procession de
Saint-Georges. — Un sacristain-barbier-chirurgien. —
Les docteurs Sangrado.............................. 43

V. Oristano. — Danses sardes. — Le *ballo-tondo.* — La *lionedda* ou flûte lydienne. — Orgues humaines. — Selargius. — Sanluri. — Monastir. — Siliqua. — Cagliari.
— La poutre de Saint-Augustin. — Le premier mai en
Sardaigne 57

VI. Province de Nurro. — Benetutti et ses femmes. — Bitti et
ses bergers. — Les chiens de Fonni. — La *vendetta* à
Bottidda. — Maisons des sybilles. — Tombeaux des
géants. — Fours bibliques. — Pains de glands et d'ar-

gile. — Cercle vicieux de l'âne et de la meunière. — Les jeunes filles à la meule................................ 71

VII. Province de la Gallura. — Sanctuaires. — Les bandits et les Anglais. — Tempio. — Fontaines, jeunes filles et bourriquets. — Vie pastorale. — Les bergers sardes. — Le *clibanum*. — Une recette sardo-biblique pour M. le baron Brisse. — La *Ponidura*.................. 87

VIII. Anciennes superstitions concernant le chêne. — Jugements communaux rendus sous les chênes. — Plaidoiries en plein vent. — La thérapeutique des bergers. — L'amulette du séminariste. — Pèlerinage du bandit. — Singuliers remèdes contre le mauvais sort et les mauvaises influences.................................. 103

IX. Médecins et médecines. — Les acheveuses de malades. — Les rites nocturnes et les trois femmes. — Anecdote indienne. — Le sacrifice de la poule. — Diablerie de la : « Treizaine de Saint-Antoine-du-Feu. » — Le passage par le feu et la manière de rôtir des enfants.... 117

X. Province et ville d'Alghero. — Ordonnances des rois d'Aragon. — Lettre et visite de Charles-Quint. — Porto-Conte. — Grotte de Neptune du cap della Caccia. — Merveilles de la grotte.................................. 133

XI. Le troupeau du P. Paolino. — Le curé reconnaissant. — Mgr Tola et le pauvre vieillard. — Le clergé sarde. — Les « Mystères » du moyen âge. — La sainte Epiphanie. La « cachucha » religieuse. — Histoire de trois génisses et d'une excommunication.......................... 147

XII. Siége d'Alghero par le vicomte de Narbonne. — Complainte en catalan. — Histoire d'Adonis et de sa femme Astarte. — Les « Jardins d'Adonis. » — Le compérage de Saint-Jean. — Les disciplinés de Saint-Jean de Morès...... 165

XIII. Mariages homériques des Sardes. — Les paranymphes. Histoire d'Antonica. — Le convoi du *Corredo*. — Cérémonies bibliques. — Le présent et l'antiquité........ 183

XIV. Lutte avec les pieds. — *Vendetta* sarde. — Le combat des Quatorze. — Le duel d'Anchita et de Brundanu. — La fontaine des bandits. — Histoire du célèbre Pepe Bonu. — Comment l'oncle Balthazar se fit bandit. — Un juge habile................................... 199

XV. D'Alghero à Villanova. — Improvisations poétiques de mon
        guide. — Un village excentrique. — Un hôtel comme
        on en voit peu. — Lits monstres. — Innocence comme
        on n'en voit plus. — Un feu d'artifice en plein jour.. 213

XVI. Intelligente décision du conseil municipal de Villanova.
        — Rites funèbres du paganisme sarde. — L'*Attito.* —
        Les Pleureuses. — Anecdotes. — Repas funèbres.— La
        tarte, les fèves et les œufs. — Les œufs de Pâques, la
        « Lune de miel » et la « Lune rousse. » 231

9690. — IMPRIMERIE GÉNÉRALE DE CH. LAHURE
Rue de Fleurus, 9, à Paris